SPEED COOKING

Charles Héritier-Debons

SPEED COOKING

EILIGE MÄNNER AM HERD

101 einfache und schnelle Rezepte für Singles

Mit Illustrationen von Daniel Müller

AT Verlag

AT Verlag, Aarau und München
Gestaltung und Satz: Giorgio Chiappa, Zürich
Druck und Bindearbeiten: Firmengruppe APPL, aprinta druck, Wemding
Printed in Germany

ISBN 978-3-03800-714-2

www.at-verlag.ch

Die Originalausgabe dieses Buches ist in Französisch unter dem Titel
»Speed Cooking. La cuisine des mecs pressés« 2008 als Print-on-Demand-Ausgabe
bei lulu.com erschienen.

Inhalt

Vorwort

Meine Herren, nur ein paar Worte, bevor es losgeht!
Ab heute ist Schluss mit den Dosen-Ravioli, die Sie in aller Eile kalt über dem Spülbecken verschlingen! Fertig mit den Sandwiches, die im Treppenhaus heruntergewürgt werden! Gestern brachte der Kurier die letzte labbrige Pizza. Und vorgestern das allerletzte in süß-saurer Sauce ertränkte Szechuan-Huhn vom Chinesen. Ab heute gilt für alle Fertiggerichte und Lieferdienste Hausverbot.
Mit minimalem Aufwand tolle Gerichte zubereiten – ganz locker und ohne Zwang, wie es richtige Kerle eben mögen. Ab heute heißt das Motto: Selbst ist der Mann! Aber alles ganz lecker und lauter Lieblingsgerichte, einschließlich der wunderbaren Kalorienbomben, allein schon von deren Anblick Ihre XS-Twiggy-Sister zunehmen würde. Und von jetzt an meckert Mama nicht mehr hinter Ihrem Rücken: »Aber nein, Bub, nicht so, sondern so macht man das!«
Man(n) ist flügge geworden. Darum muss Mann selbst Hand anlegen. Und wer weiß, nach ein paar Versuchen können Sie schon Ihre Kumpel an Ihren neuen Talenten als Held am Herd teilhaben lassen. Und etwas später dann die neue »Flamme« oder die Schwiegermutter in spe. Zugegeben, da bin ich etwas voreilig ...

KOCHEN FÜR MANNSBILDER

Im Prinzip sind meine Rezepte supereinfach. Sie sind für Männer jeden Alters bestimmt – sagen wir, für Jungs von 12 bis 102 Jahren. Und für sämtliche Formate: sportliche Muskelmänner, Grissinifiguren, lasche Luftikusse, Dünne und Dicke. Männer eben. Sogar Hiphopper können mitmachen, und sei es nur, um ihre Baggyhosen hinten etwas aufzufüllen. Jeder bestimmt selbst, wie viel es sein soll, ganz so wie er es mag und je nachdem, wie groß sein Hunger ist.

Logistik

DER PRAKTISCHE GRUNDVORRAT

»Gouverner c'est prévoir.«
(Regieren heißt voraussehen.)
Emile de Girardin

Hier eine ausbaufähige und nach Geschmack und Bedarf individuell variierbare Auflistung der Produkte, die Sie stets vorrätig haben sollten. Am besten stellen Sie sich danach den Wochenbedarf zusammen, drucken die Liste aus und notieren darin, was fehlt. Füllen Sie Küchenschrank, Kühlschrank und Tiefkühltruhe alle auf einmal auf. Dann sind Sie für Unvorhergesehenes gewappnet. Sorgen Sie dafür, dass Sie auch immer rohes (oder bereits gedämpftes Gemüse) zur Hand haben. Fenchel, Karotten, Kartoffeln, Sellerie halten sich gut in der Gemüseschublade im Kühlschrank. Diese Vorräte sollten den täglichen Bedarf abdecken und gegebenenfalls auch für ein Abendessen für Kollegen oder Kumpel reichen, die unerwartet hereinschneien.
Noch einfacher und zeitsparender: Bestellen Sie Ihre Lebensmittel online und lassen Sie sie nach Hause liefern! In Deutschland zum Beispiel bei www.edeka24.de oder www.lebensmittel.de, in Österreich bei www.billa.at, in der Schweiz bei www.coop@home.ch oder www.leshop.ch.

Teigwaren/Nudeln
Je 2 Packungen Spaghetti und Spaghettoni
2 Packungen Nudeln (breite und dünne)
Je 1 Packung Penne rigate, Fusilli, Farfalle

Frische Pasta
Je 1 Packung (250 g) Ravioli, Tortellini, Canelloni, Nudeln

TIPP Ungeöffnet lassen sich trockene Teigwaren/Nudeln gut langfristig lagern. Profitieren Sie von Aktionen, um Ihre Vorräte aufzufüllen! Teigwaren sind günstig und ideal bei unerwartetem Besuch.

Kartoffelstock/Kartoffelpüree (Flocken)
2 Packungen à je 4 Portionen

Getreide
Je 1 Packung Reis der Sorten Carnaroli, Arborio, Basmati, Parfümreis
1 Packung Zartweizen
1 Packung Express-Polenta
1 Päckchen Sesamkörner

Saucen und Gewürze
Je 1 Dose Hühner-, Rinds- und Gemüsebouillon
Je 1 Glas/Tube klassischer milder Senf sowie Dijonsenf
Je 1 Becher Fertigsauce (Tartar, Cocktail und Grüner Pfeffer)
1 Fläschchen Tabasco
1 Flasche Sojasauce
1 Flasche Austernsauce
1 Flasche Hot Thai Sauce
1 Flasche Ketchup
1 Glas Essiggurken
1 Glas Cornichons und Silberzwiebeln gemischt
1 Glas grüne Pfefferschoten
1 Gläschen Kapern

Speiseöle
1 l Olivenöl extra vergine
1 l Erdnussöl
1 kleine Flasche Baumnussöl
1 kleine Flasche Sesamöl

TIPP Olivenöl kann man langfristig an einem dunklen Ort lagern. Profitieren Sie von den Aktionen, um Ihre Vorräte aufzufüllen. Olivenöl ist gesund und besitzt wertvolle Inhaltsstoffe.

Essig
1 l Rotweinessig
Je 1 kleine Flasche roter und weißer Balsamicoessig
1 kleine Flasche Himbeeressig
1 kleine Flasche Estragonessig
1 Fläschchen Zitronensaft

Milchprodukte

1 l Vollmilch (UHT, H-Milch)
100 g Kochbutter
100 g Tafelbutter
6 Becher Joghurt (Geschmack nach Wahl)
1 Tetrapack/Becher Vollrahm/Sahne (wiederverschließbar)
5 Sorten Käse (luftdicht verpackt), z. B. Gruyère, Emmentaler, Camembert, Parmesan
1 kleiner Becher Mascarpone
1 Spraydose Schlagrahm (ohne Zucker)

Konserven

4 Dosen rosa Thunfisch in Salzwasser
2 Dosen Sardellenfilets
2 Dosen Ölsardinen
6 Dosen geschälte und gehackte Tomaten
2 Beutel Kartoffeln in Scheiben
2 Beutel Fertigrösti
2 Beutel gekochte grüne Bohnen
2 Beutel geriebene Karotten
2 Beutel Pilzmischung

TIPP Auch hier sollte man bei Aktionen zugreifen und den Vorratsschrank günstig auffüllen!

Tiefkühlprodukte

In der Tiefkühltruhe bei –22° C aufbewahren:
Frische Kräuter, luftdicht verpackt: Rosmarin, Thymian, Salbei, Dill, Petersilie, Koriander, Oregano (siehe auch Tipp Seite 25)
Frische Chilischoten
Frische Ingwerwurzel
2 Fertigpizzen Margherita
2 Packungen Aperitif-Gebäck à ca. 12 Stück (z. B. Schinkengipfel, Käseküchlein, Mini-Pizzette, Mini-Quiches)
2 Packungen Ofen-Pommes-frites
500 g Kabeljaufilet
500 g Rindfleisch für Fondue chinoise (in dünnen Scheiben)
500 g Schweinefleisch, Steaks oder vom Hals
4 Schweinskotelettes

Im Eisfach des Kühlschranks aufbewahren:
2 Packungen geriebener Parmesan
2 Packungen Eiscreme (nach Wahl)

Gewürze

Pfefferkörner (schwarz, weiß, rosa)
Trockene Kräutermischungen (italienisch und provençal)
Meersalz (grob), Kochsalz und Fleur de Sel
Safran (Fäden und Pulver)
Curry (mild)
Nelken
Muskatnuss
Cayennepfeffer
Paprika (mild)
Lorbeerblätter
Zimt
Knoblauch und Zwiebeln (An einem kühlen, trockenen und lichtgeschützten Ort lagern.)

Früchte und Gemüse

Kaufen Sie jede Woche genügend frische Früchte: Bananen, Äpfel, Birnen, Orangen, Trauben sowie die jeweiligen saisonalen Früchte.
Kaufen Sie mehrere Sorten Gemüse: Kartoffeln, Karotten, Fenchel, Sellerie usw.
Kochen Sie gleich mehrere Portionen aufs Mal, die Sie dann am folgenden Tag/den folgenden Tagen schnell zubereiten können.

DAS ABC DER SCHNELLEN ZUBEREITUNG

Sämtliche Rezepte sind für 1 Person berechnet. Sie sind zur maximalen Zeitersparnis so weit wie möglich vereinfacht. Man(n) kann praktischerweise immer gleich zwei Portionen zubereiten und die zweite Portion tags darauf aufwärmen. Für Überraschungsgäste können die in den 1-Personen-Rezepten angegebenen Mengen der Zahl der Gäste entsprechend vervielfacht werden (Vorsicht aber bei der Salzmenge!).
Am Schluss des Buches finden sich zudem ein paar wenige Rezepte (»Specials für Einladungen«), die explizit für eine größere Runde gedacht sind. Denn ab und zu kommt man – trotz Stress und Job – nicht darum herum, seine besten Freunde einzuladen. Doch mit einigen Tipps und Tricks lässt sich auch diese Hürde einfach und souverän meistern. Einer der besten: Sie bereiten das Essen schon während Ihrer Mittagspause zu. Wenn Sie dann abends nach Hause kommen, wartet das fertige Essen schon im vorprogrammierten Ofen auf Sie.

Und hier noch ein paar Tipps für mehr »Speed« und geschirrsparendes Kochen:
- Kräuter mit einer guten, scharfen Schere direkt zu den Zutaten im Topf oder zum Servieren über das fertig angerichtete Gericht schneiden.
- Schinken und Speck zuerst rollen, dann ebenfalls mit der Schere in dünnen Streifen direkt zum Gericht in Topf oder Pfanne schneiden. Ideal für Saucen, Omeletten oder über Teigwaren gestreut.
- In einem Doppeltopf mit gelochtem Einsatz kann man gleichzeitig unten Kartoffeln in Salzwasser oder Bouillon kochen und auf der nächsten Etage zum Beispiel Gemüse oder Fisch im aufsteigenden Dampf garen.
- Wenn Sie eine große Menge Wasser (zum Beispiel für Pasta) benötigen, kochen Sie die eine Hälfte davon im Kochtopf, die andere im Schnellkocher/Wasserkocher. Das geht doppelt so schnell.

Zu den verwendeten Maßeinheiten

100 ml = 10 cl = 1 dl
1 Tasse = 180 ml Flüssigkeit oder 180 g Reis

PASTA

»Kalte Pasta – unerhört!
Es gab schon Kriege für weniger als das!«
Vittorio Emanuele von Savoyen,
letzter italienischer König

PASTA KOCHEN: EIN HEILIGES RITUAL!

Hier eine unfehlbare Methode, um perfekte Pasta zu kochen und sie anschließend dampfend heiß zu servieren. Aber bitte »al dente«, und nicht »al kukidente«! Ob Spaghetti, Maccaroni, Penne rigate oder Fusilli spielt keine Rolle, sie werden alle auf die gleiche Art gekocht. Nur die Kochdauer ändert sich je nach Sorte und Vorliebe.

Am besten verkürzen Sie die auf der Packung angegebene Kochzeit um etwa 10 Prozent und probieren dann zum ersten Mal.

Als Allererstes, bevor Sie mit dem Kochen beginnen, stellen Sie einen tiefen Teller oder einen Suppenteller in den Backofen und stellen die Temperatur auf 100 Grad ein. Dann erhitzen Sie 2 Liter Wasser, geben ein paar Tropfen Öl und eine Prise Salz dazu. Wenn das Wasser sprudelnd kocht, geben Sie die Spaghetti oder andere Nudeln hinein. Und vergessen Sie nicht, ab und zu umzurühren. Zwei Minuten vor Ende der angegebenen Kochzeit gießen Sie die Teigwaren in ein Sieb ab und lassen sie gut abtropfen.

Geben Sie etwas Öl in den Kochtopf und erhitzen Sie die abgetropften Teigwaren darin. Dann zudecken und das Ganze sehr kräftig durchschütteln, damit sich Pasta und Öl gut mischen. So bleiben die Teigwaren länger fest und schön warm.

Ihr erstes Rezept!

Spaghetti mit Tomatensauce

	Olivenöl
	Salz
1	Zwiebel
1 Zweiglein	Salbei, frisch oder tiefgekühlt (siehe Tipp)
1	Knoblauchzehe
150 g	Spaghetti
1 Dose	gehackte und geschälte Tomaten (200 g)
5 Esslöffel	Vollrahm (Sahne)
	Salz und Pfeffer aus der Mühle
	geriebener Parmesan

Countdown

10'00''

- Backofen auf 100 Grad einstellen. Einen tiefen Teller oder Suppenteller darin vorwärmen.
- 2 Liter Wasser in einem großen Topf erhitzen, einige Tropfen Olivenöl sowie 1 Teelöffel Salz dazugeben.
- In der Zwischenzeit die Zwiebel schälen und fein hacken, die Salbeiblätter fein schneiden, den Knoblauch pressen oder hacken. 1 Esslöffel Olivenöl in einer beschichteten Pfanne erhitzen, die Zwiebel glasig braten.

07'00''

- Sobald das Wasser siedet, die Spaghetti hineingeben. (Die auf der Packung angegebene Kochzeit minus 1 Minute.)

06'00''

- Wenn die Zwiebel sich zu bräunen beginnt, Tomaten, Salbei und Knoblauch dazugeben. Gut umrühren und auf kleiner Flamme köcheln lassen. Mit Salz und Pfeffer abschmecken: eventuell noch etwas Wasser dazugeben.

03'00''

- Die gar gekochten Spaghetti in einem Sieb abtropfen lassen. Etwas Olivenöl in den Kochtopf geben und auf kleiner Flamme erhitzen. Die Spaghetti dazugeben, zugedeckt kräftig durchschütteln.

02'00''

- Den Rahm in die Tomatensauce einrühren. Nach Belieben abschmecken.

01'00''

- Den vorgewärmten Teller aus dem Ofen nehmen, die dampfenden Spaghetti darin anrichten. Die Tomatensauce daraufgeben und mit geriebenem Parmesan servieren.

00'00''

- Guten Appetit!

Spaghetti Bolognese

150 g	**Spaghetti**
	Sauce
1	**Zwiebel**
1	**Karotte**
1 Esslöffel	**Olivenöl**
100 g	**Rindshackfleisch**
5 Esslöffel	**Rotwein**
½ Dose (125 g)	**gehackte Tomaten**
1	**Lorbeerblatt**
1	**Rosmarinzweiglein**
4	**Nelken**
	Salz und Pfeffer aus der Mühle
5 Esslöffel	**Vollrahm (Sahne)**
	geriebener Parmesan

- Die Spaghetti nach der Grundzubereitung Seite 12/13 kochen.
- Die Zwiebel hacken, die Karotte schälen und klein würfeln.
- Das Olivenöl in einer beschichteten Pfanne erhitzen. Hackfleisch und Zwiebel dazugeben und unter ständigem Rühren gut durchbraten. Die Karottenwürfel beigeben. Mit dem Rotwein ablöschen. Tomaten, Lorbeerblatt, die abgezupften Rosmarinnadeln und Nelken dazugeben. Eventuell etwas Wasser beifügen. Mit Salz und Pfeffer abschmecken. 7 Minuten köcheln lassen.
- Zum Schluss den Rahm beigeben und gut durchmischen.
- Mit geriebenem Parmesan servieren.

Penne rigate all'arrabbiata

150 g	Penne rigate
1	Knoblauchzehe
1	Zwiebel
½	rote Peperoni (Paprika)
1 Esslöffel	Olivenöl
	Salz und Pfeffer aus der Mühle
100 ml	trockener Weißwein
1 Esslöffel	Cayennepfeffer
½ Dose (125 g)	gehackte Tomaten
1 Zweiglein	Petersilie oder Basilikum
	geriebener Parmesan

- Die Penne nach der Grundzubereitung Seite 12/13 kochen.
- Die Knoblauchzehe halbieren, den Keim entfernen. Die Peperoni halbieren und entkernen. Knoblauch, Zwiebel und Peperoni fein hacken. Das Olivenöl in einer beschichteten Pfanne erhitzen, Knoblauch, Zwiebel und Peperoni anbraten. Mit Salz und Pfeffer abschmecken. Wenn die Zwiebeln goldbraun sind, mit dem Weißwein ablöschen, Cayennepfeffer und Tomaten dazugeben. Gut durchrühren und 6–7 Minuten zugedeckt köcheln lassen.
- Petersilie oder Basilikum fein schneiden und am Schluss darüberstreuen.
- Die gekochten, abgetropften Penne zur Sauce geben. Gut mischen und eventuell 1–2 Minuten weiter köcheln lassen, damit sie gut heiß sind. Mit geriebenem Parmesan servieren.

Spaghetti mit Zitronensauce

150 g	**Spaghetti**
	Sauce
100 g	**Mascarpone**
½	**Zitrone**
	Salz und Pfeffer aus der Mühle
1	**frische Chilischote**
4	**grüne Oliven**

- Die Spaghetti nach der Grundzubereitung Seite 12/13 kochen kochen.
- Den Mascarpone in einem kleinen Topf erhitzen. Die Zitrone auspressen und den Saft unter den Mascarpone mischen. Mit Salz und Pfeffer abschmecken. Bei sanftem Feuer langsam köcheln lassen.
- Die Chilischote fein hacken. Die Oliven halbieren und entsteinen. Beides zur Sauce geben.
- Mit den gekochten heißen Spaghetti anrichten.

TIPP Für eine cremige Konsistenz etwas von dem stärkereichen Spaghettikochwasser zur Sauce geben.

Spaghetti mit Pilzsauce

150 g	**Spaghetti**
	Sauce
1	**Knoblauchzehe**
1 Zweiglein	**Petersilie**
5 Esslöffel	**Weißwein**
1 Esslöffel	**Hühnerbouillonpulver**
100 g	**fertige Pilzmischung aus dem Beutel**
5 Esslöffel	**Vollrahm (Sahne)**
	Salz und Pfeffer aus der Mühle

- Die Spaghetti nach der Grundzubereitung Seite 12/13 kochen.
- Knoblauch und Petersilie hacken. Den Weißwein in einer beschichteten Pfanne erhitzen. Bouillonpulver, Knoblauch und Petersilie dazugeben. Die Pilzmischung beifügen und 2–3 Minuten köcheln lassen. Eventuell etwas Kochwasser hinzufügen.
- Den Rahm kurz vor dem Servieren einrühren. Mit Salz und Pfeffer abschmecken.
- Mit den gekochten heißen Spaghetti anrichten.

Rigatoni mit Schinken

150 g	**Rigatoni**
½ Dose (125 g)	**gehackte Tomaten**
200 ml	**Wasser**
1 Esslöffel	**Gemüsebouillonpulver**
1 Zweig	**Rosmarin**
100 g	**Kochschinken, gewürfelt**
2 Esslöffel	**Vollrahm (Sahne)**
	Pfeffer aus der Mühle
	geriebener Parmesan

- Die Rigatoni nach der Grundzubereitung Seite 12/13 kochen.
- Die gehackten Tomaten mit dem Wasser erhitzen. Bouillonpulver, Rosmarin, Schinken und die gekochten, abgetropften Rigatoni dazugeben. Gut mischen und 8 Minuten zugedeckt auf kleinster Flamme und unter wiederholtem Rühren ziehen lassen.
- Zum Schluss den Rahm beigeben und mit Pfeffer abschmecken. Mit geriebenem Parmesan servieren.

TIPP Alle bisherigen Saucenrezepte eignen sich übrigens auch für frische Teigwaren aus dem Kühlregal.

Express-Nudeln mit Trockentomaten

4	**in Öl eingelegte getrocknete Tomaten**
1	**Knoblauchzehe**
1 Esslöffel	**Olivenöl**
2 Tassen	**Wasser**
150 g	**breite Nudeln**
	Salz und Pfeffer aus der Mühle
1 Zweig	**Basilikum, gehackt**
	geriebener Parmesan

- Die getrockneten Tomaten und den Knoblauch klein schneiden und im heißen Olivenöl anbraten. Das Wasser dazugießen und leicht salzen. Die Nudeln dazugeben und 8 Minuten auf kleinem Feuer kochen lassen, dabei mehrmals umrühren. Die Nudeln sollten am Schluss das Wasser vollständig aufgenommen haben. Mit Salz und Pfeffer abschmecken. Mit Basilikum bestreut servieren. Geriebenen Parmesan dazu reichen.

TIPP Immer frischer Parmesan
Die noch luftdicht verschlossene Packung geriebenen Parmesan in den Tiefkühler oder ins Eisfach geben. Bei Bedarf die gewünschte Menge entnehmen und die Packung fest verschlossen (mit Zip-Verschluss oder Gummiband) wieder im Tiefkühler versorgen.

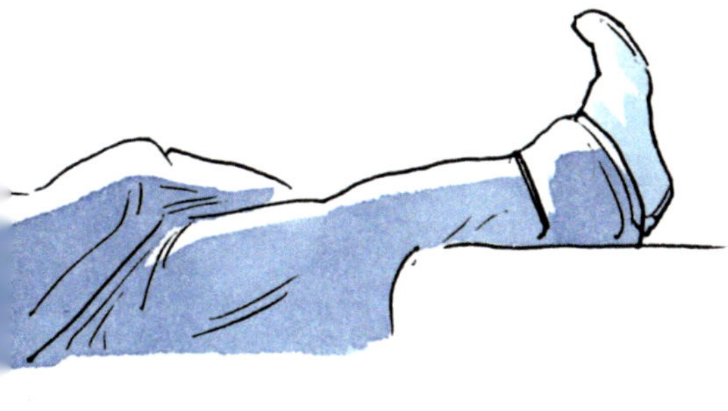

Nudeln mit Bärlauch

30 g	**Bärlauch, frisch oder tiefgekühlt (siehe Tipp)**
½ l	**Wasser**
2 Teelöffel	**Hühnerbouillonpulver**
1 Esslöffel	**Olivenöl**
150 g	**Hörnli (kleine, kurze Röhrennudeln)**
1 Esslöffel	**Röstzwiebeln**
	geriebener Parmesan

- Den Bärlauch hacken.
- Das Wasser in einem Kochtopf aufkochen. Die Hühnerbouillon, etwas Olivenöl, den gehackten Bärlauch und die Nudeln dazugeben. Gut umrühren und 7 Minuten auf kleinem Feuer kochen lassen. Gut abtropfen lassen, dann die Röstzwiebeln daruntermischen.
- Mit geriebenem Parmesan servieren.

TIPP Im Frühling findet man überall im Wald Bärlauch. Am besten pflückt man ihn früh morgens nach leichtem Regen und gleich in größerer Menge (1–2 kg). Den Bärlauch falls nötig nochmals waschen und trocken schleudern, auf einem sauberen Küchenpapier ausbreiten und allfällige Unreinheiten entfernen. Die sauberen und trockenen Blätter in einen Plastikbeutel füllen, stark pressen, luftdicht verschließen und einfrieren. Von den gefrorenen, gepressten Blättern mit dem Brotmesser die benötigte Menge abschneiden und direkt ins Kochwasser geben.

Ravioli mit Tomatensauce

250 g	**frische Ravioli mit Fleischfüllung**
	Salz
1 Zweig	**Rosmarin**
	Sauce
½ Dose (125 g)	**gehackte Tomaten**
1 Esslöffel	**Rindsbouillonpulver**
5 Esslöffel	**Vollrahm (Sahne)**
	Pfeffer aus der Mühle
	Parmesan, gerieben

- 1 Liter leicht gesalzenes Wasser in einem Kochtopf erhitzen, aber nicht sieden lassen. Den Rosmarin hacken und dazugeben. Die Ravioli beifügen und 3 Minuten zugedeckt ziehen lassen. Die Ravioli mit dem Rosmarin in ein Sieb abschütten, abtropfen lassen und warm stellen.
- Die Tomaten mit etwas Wasser in den Topf geben. Das Bouillonpulver darin auflösen, den Rahm beifügen, umrühren und erhitzen. Mit Pfeffer abschmecken. Die Sauce über die Ravioli gießen. Mit geriebenem Parmesan servieren.

Frische Nudeln mit Coleslaw

1 Esslöffel	**Gemüsebouillonpulver**
1 Esslöffel	**Currypulver**
100 g	**Coleslaw (Kohl und Karotten, in feine Streifen geschnitten)**
250 g	**frische Nudeln**
1 Zweig	**Koriander, frisch oder tiefgekühlt**
5 Esslöffel	**Vollrahm (Sahne)**
	Pfeffer aus der Mühle

- 200 ml Wasser erhitzen. Bouillonpulver, Currypulver und Coleslaw dazugeben. Nach 2 Minuten die Hitze reduzieren, die frischen Nudeln untermischen und weitere 5 Minuten heiß werden lassen.
- Den Koriander fein hacken. Wenn die Nudeln das Wasser aufgenommen haben, den Rahm dazugeben. Mit dem Koriander bestreuen und servieren.

Frische Cappelletti mit Thymian

2 Zweige	**Thymian**
1 Esslöffel	**Gemüsebouillonpulver**
250 g	**frische Cappelletti**
	Salz und Pfeffer aus der Mühle
20 g	**Butter**
	Parmesan, gerieben

- 1 Liter Wasser in einem Kochtopf erhitzen, aber nicht sieden lassen. Den Thymian hacken und zusammen mit dem Bouillonpulver dazugeben. Die Cappelletti beifügen und 3 Minuten unter vorsichtigem Umrühren garen. Die Cappelletti gut abtropfen lassen, mit Salz und Pfeffer würzen und zum Schluss die Butter darunterziehen. Mit geriebenem Parmesan servieren.

Tortellini Doria

250 g	**frische Tortellini mit Fleischfüllung**
1 Esslöffel	**Olivenöl**
1	**Zwiebel**
50 g	**Schinken, gewürfelt**
4	**Sardellenfilets**
1 Zweig	**Salbei**
	Salz und Pfeffer aus der Mühle
½	**Dose gehackte Tomaten**
100 ml	**Vollrahm (Sahne)**
	Parmesan, gerieben

- ½ Liter Salzwasser in einem Kochtopf erhitzen, aber nicht sieden lassen. Die Tortellini darin 3–4 Minuten zugedeckt ziehen lassen.
- In der Zwischenzeit das Olivenöl in einer beschichteten Pfanne erhitzen. Die Zwiebel in feine Streifen schneiden und mit dem Schinken goldbraun braten. Die Sardellenfilets zerkleinern, den Salbei fein hacken und beides dazugeben. Großzügig pfeffern. Die Tomaten beifügen und gut umrühren.
- Zum Schluss den Rahm unter die Sauce rühren und diese über die abgetropften, heißen Tortellini gießen. Mit geriebenem Parmesan servieren.

TIPP Ur-Pasta und basta!

So machten es einst die italienischen Weinbauern. Das Rezept eignet sich gut für die Feuerstelle im Freien. Pro Person 4 vollreife Tomaten würfeln, mit 100 g halbierten Spaghetti, etwas Olivenöl, 200 ml Wasser, Pfeffer und einer Prise Salz in eine feuerfeste Schüssel geben. 30 Minuten zugedeckt bei kleinem Feuer langsam köcheln lassen. Fertig! (Geht auch mit Penne, Fusilli und anderen feinen Teigwarensorten.)

TIPP Immer frische Kräuter

Frische Kräuter wie Rosmarin, Thymian, Salbei und Basilikum in der Verpackung ungeöffnet im Tiefkühler oder Eisfach aufbewahren. Bei Bedarf die gewünschte Menge entnehmen und die Packung sofort wieder im Tiefkühler versorgen, bevor der Inhalt auftaut.

REIS

Reis wird seit mehreren Tausend Jahren angebaut und ernährt inzwischen die Menschen rund um die Erde. Weltweit werden heute pro Jahr über 700 Millionen Tonnen Reis verzehrt, was im Durchschnitt nahezu 100 Kilogramm pro Person entspricht! Es gibt unzählige Sorten von Reis, die sich in Form, Geschmack und Eigenschaft stark unterscheiden, von den wilden Arten ganz abgesehen. Wahrscheinlich war es Marco Polo, der nach seiner Rückkehr aus China im 13. Jahrhundert den Reis nach Italien mitbrachte.

Das Grundrezept bleibt sich für alle Reisrezepte praktisch gleich. Nur die Zutaten variieren. Gekochten Reis kann man gut wieder aufwärmen oder anbraten (Fried Rice). Daher mein Tipp: Kochen Sie Reis lieber nur knapp gar (kernig) als zu weich, und kochen Sie gleich mehrere Portionen auf Vorrat. Wenn Ihnen der Reis am Schluss zu wenig gegart ist, lassen Sie ihn einfach zugedeckt auf der ausgeschalteten Herdplatte noch etwas durchziehen.

In den folgenden Rezepten bedeutet 1 Tasse Reis circa 180 g, 1 Tasse Wasser 180 ml, ½ Tasse also knapp 100 g Reis bzw. 100 ml Wasser. Das Verhältnis von Reis zu Wasser muss immer 1 zu 3 betragen.

Reis nature

1½ Tassen	**Wasser**
½ Tasse	**Basmatireis**
	Salz
	Butter

- Das Wasser in einem kleinen Topf erhitzen und den Reis hineingeben. Leicht salzen und auf kleiner Flamme zugedeckt 10 Minuten kochen lassen. Dabei regelmäßig umrühren.
- Wenn der Reis das Wasser vollkommen aufgenommen hat, etwas Butter dazugeben und unterrühren.

TIPP Dieser Reis ist neutral im Geschmack und passt zu allen Gerichten.

Parfümreis mit Ingwer

1½ Tassen	**Wasser**
½ Tasse	**Parfümreis**
	Salz
20 g	**frischer Ingwer**

- Das Wasser in einem kleinen Topf erhitzen und den Parfümreis hineingeben. Leicht salzen und auf kleiner Flamme zugedeckt 10 Minuten kochen lassen. Dabei regelmäßig umrühren.
- In der Zwischenzeit den Ingwer schälen und fein reiben. Wenn der Reis das Wasser vollkommen aufgenommen hat, den Ingwer dazugeben. Gut durchmischen und servieren.

TIPP Dieser Reis passt wunderbar zu Fisch oder Crevetten.

Basmatireis mit gelber Peperoni

1½ Tassen	**Wasser**
½ Tasse	**Basmatireis**
	Salz
1	**gelbe Peperoni (Paprika)**
	Butter

- Das Wasser in einem kleinen Topf erhitzen und den Reis hineingeben. Leicht salzen und auf kleiner Flamme 10 Minuten kochen lassen.
- In der Zwischenzeit die Peperoni halbieren, entkernen und in kleine Würfel schneiden. Zum Reis geben. Wenn der Reis das Wasser vollkommen aufgenommen hat, etwas Butter dazugeben. Gut durchmischen und servieren.

TIPP Dieser Reis passt wunderbar zu Kalb- oder Schweinefleisch.

Basmatireis mit Sesam

1½ Tassen	**Wasser**
½ Tasse	**Basmatireis**
	Salz
1 Esslöffel	**Sesamöl**
2 Esslöffel	**Sesamkörner**

- Das Wasser in einem kleinen Topf erhitzen und den Reis hineingeben. Leicht salzen und auf kleiner Flamme 10 Minuten kochen lassen. Dabei regelmäßig umrühren.
- Wenn der Reis das Wasser vollkommen aufgenommen hat, Sesamöl und Sesamkörner beigeben. Gut durchmischen und servieren.

TIPP Dieser Reis passt wunderbar zu Poulet (Huhn) oder Schweinefleisch.

Tomatenrisotto

½ Dose (125 g)	**gehackte Tomaten**
1 Tasse	**Wasser**
½ Tasse	**Arborio-Reis**
	Salz
2	**Nelken**
1	**Lorbeerblatt**
	frischer Basilikum, gezupft
	Parmesan, gerieben

- Die gehackten Tomaten mit dem Wasser in einem kleinen Topf erhitzen. Den Reis hineingeben. Leicht salzen, die Nelken und das Lorbeerblatt beifügen und auf kleiner Flamme 12 Minuten kochen lassen, bis der Reis die Flüssigkeit vollkommen aufgenommen hat. Dabei regelmäßig umrühren.
- Den Tomatenrisotto in einem tiefen Teller anrichten und mit Basilikum und geriebenem Parmesan bestreuen.

TIPP Diesen Risotto kann man allein genießen oder als Beilage zu Grillfleisch oder Fisch.

Spinatrisotto

1	**Knoblauchzehe**
1 Esslöffel	**Olivenöl**
80 g	**Blattspinat, frisch oder aufgetaut**
½ Tasse	**Risottoreis (Carnaroli)**
1 Teelöffel	**Gemüsebouillonpulver**
1½ Tassen	**Wasser**

- Den Knoblauch fein hacken und im heißen Öl goldbraun braten. Den Spinat dazugeben und 1 Minute unter ständigem Rühren weiterbraten. Dann den Reis dazugeben und gut umrühren. Die Gemüsebouillon im Wasser auflösen und den Reis damit aufgießen. Auf kleiner Flamme 10 Minuten kochen, bis der Reis das Wasser vollständig aufgenommen hat.
- Passt wunderbar zu Lammfleisch.

Reis mit Rucola und Tomaten

2	**Knoblauchzehen**
1 Esslöffel	**Olivenöl**
80 g	**Rucola**
2	**Tomaten**
	Salz und Pfeffer aus der Mühle
200 g	**gekochter Reis (siehe Tipp)**
	Parmesan, gerieben

- Den Knoblauch fein hacken und im heißen Öl goldbraun braten. Den Rucola mit der Schere zerkleinern, dazugeben und 3 Minuten unter ständigem Rühren weiterbraten. Die Tomaten würfeln und beifügen. Mit Salz und Pfeffer abschmecken. Zum Schluss den gekochten Reis daruntermischen, gründlich erhitzen und 1 Minute zugedeckt ziehen lassen.
- Mit geriebenem Parmesan servieren.

TIPP Bereits gekochter Reis hält sich im Kühlschrank einige Tage und ist ein guter Vorrat für schnelle Gerichte wie dieses.

Curryreis

1½ Tassen	**Wasser**
½ Tasse	**Basmatireis**
	Salz
1 Esslöffel	**Currypulver**
1	**Sternanis**
1	**Lorbeerblatt**
1 Zweig	**Koriander**

- Das Wasser in einem kleinen Topf erhitzen und den Reis hineingeben. Leicht salzen, Curry, Sternanis und Lorbeerblatt dazugeben. Auf kleiner Flamme 10 Minuten kochen lassen. Dabei regelmäßig umrühren, bis der Reis das Wasser vollkommen aufgenommen hat. Anrichten und mit gehacktem Koriander bestreuen.

TIPP Dieser Reis passt wunderbar zu Poulet (Huhn).

Zitronenrisotto

1½ Tassen	**Wasser**
½ Tasse	**Carnaroli-Reis**
	Salz
½	**unbehandelte Zitrone**
	Parmesan, gerieben

- Das Wasser in einem kleinen Topf erhitzen und den Reis hineingeben. Leicht salzen und auf kleiner Flamme 10 Minuten kochen lassen. Dabei regelmäßig umrühren.
- In der Zwischenzeit die Zitronenschale abreiben und den Saft auspressen. Wenn der Reis das Wasser vollkommen aufgenommen hat, Zitronenschale und -saft dazugeben und gut durchmischen. In einem tiefen Teller anrichten und mit Parmesan bestreuen.

Risotto classico

1	**mittelgroße Zwiebel**
1 Esslöffel	**Olivenöl**
½ Tasse	**Carnaroli-Reis**
5 Esslöffel	**trockener Weißwein**
1½ Tassen	**Wasser**
	Salz
	Parmesan, gerieben

- Die Zwiebel hacken. Das Olivenöl in einem kleinen Topf erhitzen und die Zwiebel darin goldgelb braten. Den Reis dazugeben und unter ständigem Rühren glasig braten. Mit dem Weißwein ablöschen und gut umrühren. Nun nach und nach das Wasser dazugießen, leicht salzen und auf kleiner Flamme 10 Minuten kochen. Dabei regelmäßig rühren, bis der Reis das Wasser vollkommen aufgenommen hat.
- Den Reis in einem tiefen Teller anrichten und mit Parmesan bestreuen.

TIPP Passt wunderbar zu Kalbsschnitzel.

Risotto mit Sellerieblättern und Selleriesalat

200 g	**Stangensellerie**
1 Esslöffel	**Olivenöl**
½ Tasse	**Carnaroli-Reis**
	Salz
	Parmesan, gerieben
	etwas Zitronensaft und Olivenöl zum Beträufeln

- Für dieses Rezept braucht man einen Kochtopf mit gelochtem Dämpfeinsatz.
- Die Sellerieblätter fein hacken, die Stangen in Rädchen schneiden. Das Olivenöl im Topf erhitzen. Die gehackten Sellerieblätter und den Reis dazugeben und mit 1½ Tassen leicht gesalzenem Wasser aufgießen.
- Die Sellerierädchen in den Dämpfeinsatz geben, über den Reis auf den Topf setzen. Alles zugedeckt 10 Minuten garen, dabei den Reis immer wieder umrühren. Wenn der Reis das Wasser vollkommen aufgenommen hat, in einem tiefen Teller anrichten und mit Parmesan bestreuen.
- Die Sellerierädchen kalt abspülen, mit etwas Zitronensaft und Olivenöl beträufeln und als Salat dazu servieren.

TIPP Passt wunderbar zu gegrilltem oder gedämpftem Fisch.

Safranrisotto

1	**mittelgroße Zwiebel**
1 Esslöffel	**Olivenöl**
½ Tasse	**Carnaroli-Reis**
5 Esslöffel	**trockener Weißwein**
	Salz
1 Briefchen	**Safran oder 20 Safranfäden**
	Parmesan, gerieben

- Die Zwiebel hacken. Das Olivenöl in einem kleinen Topf erhitzen und die Zwiebel darin goldgelb braten. Den Reis dazugeben und unter ständigem Rühren glasig braten. Mit dem Weißwein ablöschen und gut umrühren. Nun nach und nach 1½ Tassen Wasser dazugeben, leicht salzen, das Safranpulver oder die -fäden beigeben und den Risotto auf kleiner Flamme 10 Minuten kochen lassen. Dabei regelmäßig umrühren.
- Wenn der Reis das Wasser vollkommen aufgenommen hat, in einem tiefen Teller anrichten und mit Parmesan bestreuen.

PIZZA

VIVA ITALIA IN ROT, WEISS UND GRÜN!

Die klassische Pizza mit Tomatensauce, Mozzarella und Basilikum trägt dieselben Farben wie die italienische Flagge: Rot, Weiß und Grün. Sie wurde angeblich im Jahr 1889 für die Königin Margherita von Savoyen erfunden. Der weltweite Erfolg der Pizza beruht auf der unglaublichen Vielfalt ihrer Garnituren. Mit einer Pizza Margherita als Basis kann jeder seine Lieblingspizza zubereiten.

Die hier beschriebene Zubereitungsart gilt prinzipiell für alle 12 der bekanntesten Pizza-Varianten samt ihrer jeweiligen Garnitur. Aber natürlich können Sie jederzeit Ihre ganz spezielle eigene Pizza kreieren, genau nach Ihrem Geschmack. Am besten würzen Sie die ofenfrische Pizza mit Pfeffer aus der Mühle, frischen Kräutern wie Oregano, Basilikum, Salbei, Petersilie oder Rosmarin. Ein paar Tropfen scharfes Pizzaöl (Peperonciniöl) geben diesem weltweit beliebten Gericht eine speziell würzige Note.

HILFE! MEINE KUMPEL KOMMEN …
HEILIGE MADONNA, SCHNELL EIN WUNDER!

Kein Grund zur Panik, die Heilige Madonna der Pizzas hat Sie erhört. Sicher haben Sie schon im Supermarkt diese großen rechteckigen Pizzas für 4–6 Personen gesehen. Sie sollten immer eine davon in der Tiefkühltruhe haben. Garnieren Sie die Riesenpizza mit dem, was Ihr Kühlschrank gerade zu bieten hat. Erfolg garantiert. Aber vergessen Sie nicht, das nächste Mal eine Kerze für die Madonna der Pizzas anzuzünden!

Pizza Prosciutto

1	**Pizza Margherita (Tomaten, Mozzarella), tiefgekühlt**
100 g	**gehackte Tomaten**
1 Esslöffel	**Kapern**
½	**Zwiebel, in Scheiben geschnitten**
6	**schwarze Oliven**
100 g	**Rohschinken, gewürfelt**
1 Esslöffel	**geriebener Parmesan**
1 Zweig	**frischer Basilikum**

- Während Sie die Zutaten vorbereiten, den Ofen auf 180 Grad vorheizen.
- Die Tomaten auf die Tiefkühlpizza geben, Kapern, Zwiebelscheiben, Oliven und Rohschinken darüber verteilen. Mit dem Parmesan bestreuen. Für 10 Minuten in den heißen Ofen schieben. Dabei ab und zu kontrollieren, ob sie nicht zu stark bräunt.
- Die Pizza mit fein geschnittenem Basilikum und Pfeffer aus der Mühle bestreuen.

TIPP Olio oho – hausgemacht

Feine Gewürzöle hausgemacht: 3 Rosmarin-, Thymian- und Salbeizweige sowie 3 Chili- oder Peperoncinischoten eine Woche trocknen lassen. In vier kleine (Joghurt-)Gläser jeweils 100 ml Olivenöl füllen und je eine Sorte der Gewürzkräuter bzw. Chili dazugeben. Luftdicht verschlossen eine Woche im Küchenschrank ziehen lassen. Perfekt für Fisch, Fleisch, Pizzas und Salate.

Typische Pizzagarnituren

QUATTRO STAGIONI
Rohschinken, Artischocken, Champignons, schwarze Oliven, Knoblauch, Petersilie

TOSCANA
Speckwürfel, gehackte Zwiebel, Knoblauch

DIAVOLA
Salami (scharf), Peperoni (Paprikaschote), Zwiebel, Oliven, Pizzaöl

NAPOLETANA
6 Sardellen, sternförmig arrangiert, Kapern, Oregano, Olivenöl

CALABRESE
6 Salamischeiben, marinierte Peperoni (Paprika), Pizzaöl

FUNGHI
6 halbe Champignons, Oregano

HAWAII
1 Ananasscheibe, gewürfelt, Rohschinken, Oregano

MAFIOSO
6 Zwiebelscheiben, 1 gepresste Knoblauchzehe, 1 gehackte Peperoncini (Pfefferschote), Oregano

MARINARA
Meeresfrüchte, kleine, marinierte Kalmare, Sardellen, Oregano

TONNO
Gehackter Thunfisch, Kapern, Oregano

SICILIANA
Schinken, Champignons, Eierscheiben, Oregano

Piadina express

2 Tortillas aus Mais- oder Weizenmehl
100 g Rohschinken
2 Artischockenherzen, in Öl eingelegt
Rucolablätter

- Die Tortilla direkt auf das heiße Glaskeramik-Kochfeld oder in eine beschichtete Pfanne legen. Sobald Rauch aufsteigt, die Tortilla wenden.
- Wenn die Tortillas goldbraun sind, mit Rohschinken, geviertelten Artischockenherzen und etwas Rucola garnieren.
- Falten und warm genießen.

TIPP Als vegetarische Variante mit Artischocken, Mozzarella und halbierten Cherrytomaten füllen.

KÄSE

UND EI

»Wie soll man ein Land regieren, das dreihundert Sorten Käse produziert?«
Charles de Gaulle,
ehemaliger französischer Staatspräsident

Was war zuerst? Das Huhn oder das Ei oder am Ende gar der Käse? Dieses Rätsel werden wir hier nicht lösen, denn sie schmecken uns alle gleich gut. Jeder kennt die klassischen Käsesorten wie Camembert, Emmentaler oder Gruyère.

Käse gibt es jedoch in unzähligen Varianten und Geschmacksrichtungen. Jedes Land, jede Region hat ihre eigenen Spezialitäten. Das gilt auch für Käsegerichte. Hier einige einfache Grundrezepte, die man je nach Geschmack variieren kann. Und am Ende dieses Kapitels folgen noch zwei köstliche Klassiker mit Ei.

Käseküchlein mit Chicoréesalat

4	**tiefgekühlte Käseküchlein**
2 Köpfe	**Chicorée**
1 Esslöffel	**Olivenöl**
1 Esslöffel	**Estragonessig**
1 Esslöffel	**Currypulver**
1 Zweig	**Estragon**

- Den Backofengrill auf 180 Grad vorheizen.
- Die Käseküchlein auf eine ofenfeste Platte geben und im oberen Teil des Ofens 8–10 Minuten backen; dabei immer wieder kontrollieren, damit sie nicht zu stark bräunen.
- Öl, Essig und Currypulver in eine Salatschüssel geben und gut verrühren. Den Chicorée sorgfältig waschen und in dünne Scheiben schneiden. Mit der Sauce vermischen. Den Estragon fein schneiden und darüberstreuen.

TIPP Damit der Boden der Küchlein schön knusprig wird, am Schluss noch 2 Minuten im unteren Teil des Ofens bzw. mit Unterhitze backen.

Käseschnitte und Gurkensalat mit Dill

2 Scheiben	**Bauernbrot (1 cm dick geschnitten)**
10 g	**Butter**
2–3 Esslöffel	**trockener Weißwein**
4 Scheiben	**Bergkäse (100 g)**
4	**Essiggurken**
1 Esslöffel	**Senf**
	Gurkensalat mit Dill
1	**Salatgurke (200 g)**
1 Esslöffel	**Olivenöl**
1 Esslöffel	**Balsamicoessig**
	Salz und Pfeffer aus der Mühle
1 Zweiglein	**Dill**

- Den Backofengrill auf 180 Grad vorheizen.
- Die Brotscheiben im Backofen rösten. Auf einer Seite mit der Butter bestreichen, die andere Seite mit dem Weißwein tränken. Die Brotscheiben mit der gebutterten Seite nach unten auf eine feuerfeste Platte geben. Mit dem Käse belegen. Die Käseschnitten im oberen Teil des Ofens 5–6 Minuten backen; dabei regelmäßig kontrollieren, damit sie nicht zu stark bräunen.
- In der Zwischenzeit die Gurke gründlich waschen und abbürsten. Die Gurke schräg in lange, feine Scheiben schneiden. Sternförmig auf einen flachen Teller legen und mit Olivenöl und Balsamico beträufeln. Mit Pfeffer und Salz würzen. Den Dill fein hacken und darüberstreuen.
- Die Käseschnitten zusammen mit den Essiggurken und dem Senf und begleitet vom Gurkensalat servieren.

Rösti mit Gruyère

1 Beutel	**fixfertige Rösti**
1	**Zwiebel**
50 g	**Gruyère, gerieben**
	Pfeffer aus der Mühle

- Den Ofengrill auf 180 Grad vorheizen.
- Die Zwiebel fein hacken.
- Die Rösti in einer Schüssel mit der gehackten Zwiebel und der Hälfte des Gruyère gut vermischen. Auf eine feuerfeste Platte geben und den restlichen Gruyère in einer dünnen Schicht darüber verteilen.
- Die Rösti 4–6 Minuten unter dem Backofengrill backen; dabei regelmäßig kontrollieren, damit sie nicht zu stark bräunt. Vor dem Servieren etwas Pfeffer darübermahlen (gesalzen ist die Fertigrösti bereits).

Käseplatte mit Frühkartoffeln

300 g	**kleine Frühkartoffeln**
	Salz und etwas Öl
4 Sorten	**Käse (je 50 g): Greyerzer, Appenzeller, Emmentaler, Camembert oder andere**
	Salz und Pfeffer aus der Mühle
	nach Belieben Senf, Essiggurken, Silberzwiebeln usw.

- 1 Liter Wasser in einem Kochtopf erhitzen. Etwas Salz und Öl dazugeben. Die Kartoffeln mit einem Messer längs bis zur Hälfte einschneiden (dadurch garen sie schneller) und im heißen Wasser 8 Minuten kochen.
- In der Zwischenzeit die verschiedenen Käsesorten sternförmig auf eine Servierplatte verteilen. Die gegarten Kartoffeln in einer Schale in die Mitte der Servierplatte stellen. Dazu Senf, Essiggurke und Pfeffermühle reichen.

Omelette mit Rohschinken

100 g	**Rohschinken**
1	**Zwiebel oder 1 Frühlingszwiebel samt Grün**
3	**frische Eier (Freiland)**
1 Esslöffel	**Olivenöl**
	Salz und Pfeffer aus der Mühle

- Den Rohschinken würfeln. Die Zwiebel in feine Scheiben schneiden. Die Eier in eine Schüssel geben und mit einer Gabel gut durchrühren.
- Olivenöl, Zwiebel und Rohschinken in eine beschichtete Pfanne geben und 3 Minuten stark anbraten. Dann die Hitze reduzieren, die verquirlten Eier dazugeben und zugedeckt bei kleiner Hitze 2 Minuten garen lassen. Mit Salz und Pfeffer würzen und mit frischem Brot servieren.

Omelette mit Champignons

100 g	**Champignons**
3	**frische Eier (Freiland)**
1 Zweig	**Petersilie**
10 g	**Butter**
	Salz und Pfeffer aus der Mühle

- Die Champignons waschen, die Stiele frisch anschneiden und dann die Pilze in Scheiben schneiden. Die Eier in eine Schüssel geben und mit einer Gabel gut durchrühren. Die Petersilie hacken.
- Die Champignons mit der Butter in eine beschichtete Pfanne geben und 3 Minuten unter ständigem Rühren stark anbraten. Die Hitze reduzieren und die verquirlten Eier dazugeben. Mit Petersilie bestreuen und zugedeckt bei kleiner Hitze 2–3 Minuten garen. Mit Salz und Pfeffer würzen und mit frischem Brot servieren.

SALATE

Nichts eignet sich besser, um schnell, gesund und gut zu essen, als ein Salat. Salate gibt es in unzähligen Varianten, die man nach Lust und Laune und nach dem, was Kühlschrank und Vorrat hergeben, zusammenstellen kann. Angereichert mit Schinken, hart gekochten Eiern oder Käse, ganz nach Gusto. Mit frischem Brot serviert, hat man im Nu ein gesundes und leichtes Essen parat.

Nüsslisalat mit Champignons

100 g	**Nüsslisalat (Feldsalat)**
100 g	**Champignons**
1 Esslöffel	**Baumnussöl**
1 Esslöffel	**Balsamicoessig**
1 Esslöffel	**Senf**
½	**Zwiebel**
	Salz und Pfeffer aus der Mühle

- Nüsslisalat und Champignons waschen und gut abtropfen lassen. Die Champignonstiele frisch anschneiden und dann die Pilze in feine Scheiben schneiden.
- Baumnussöl, Balsamico und Senf in einer Salatschüssel gut verrühren. Die Zwiebel hacken und dazugeben. Mit Salz und Pfeffer abschmecken.
- Nüsslisalat und Champignons gut mit der Sauce vermischen. Mit frischem Bauernbrot servieren.

VARIATION: SALAT MIMOSA

Statt Champignons gekochte Eier nehmen.

TIPP Immer frischer Salat

Nicht mehr ganz taufrische Salatblätter, Krachsalat oder Spinatblätter 15 Minuten in eiskaltes Wasser einlegen, abtropfen lassen und in einem verschlossenen Beutel ins Gemüsefach legen. So bleiben Salate knackig frisch.

Bohnensalat mit Thunfisch

1 Esslöffel	**Olivenöl**
1 Esslöffel	**Estragonessig**
1 Esslöffel	**Currypulver**
1	**Knoblauchzehe, gepresst, oder Knoblauchpulver**
1	**Schalotte**
120 g	**rosa Thunfisch in Salzwasser**
250 g	**gekochte grüne Bohnen (Beutel oder Dose)**
	Pfeffer aus der Mühle

- Olivenöl, Estragonessig, Curry und Knoblauch gut vermischen.
- Die Schalotte in dünne Scheiben schneiden. Den Thunfisch gut abtropfen lassen, mit Küchenpapier trocken tupfen und mit einer Gabel zerkleinern.
- Bohnen, Schalotte und Thunfisch in eine Salatschüssel geben. Die Salatsauce darübergießen und gut vermischen. Mit frischem Baguette servieren.

Eisberg- und Lollosalat mit Emmentaler

4 Blätter	**Eisbergsalat**
4 Blätter	**Lollo rosso oder Radicchio**
2 Zweige	**Petersilie**
1 Esslöffel	**Baumnussöl**
1 Esslöffel	**Estragonessig**
	Salz und Pfeffer aus der Mühle
50 g	**milder Emmentaler**

- Die Salatblätter in Streifen schneiden und in eine Schüssel geben. Die Petersilie hacken und dazugeben. Baumnussöl und Estragonessig beifügen. Mit Salz und Pfeffer abschmecken und gut mischen.
- Den Emmentalerkäse in etwa 1 cm große Würfel schneiden. Den Salat auf einem Teller anrichten und mit dem Emmentaler bestreuen. Mit frischem Bauernbrot servieren.

Gurken-Tomaten-Salat

½	**Gurke**
2	**Tomaten**
	Salz und Pfeffer aus der Mühle
1 Esslöffel	**Olivenöl**
1 Esslöffel	**Balsamicoessig**
1 Zweig	**Basilikum**

- Die Gurke waschen und gründlich abbürsten. Schräg in lange, dünne Scheiben schneiden und diese sternförmig auf einem Teller auslegen.
- Die Tomaten in dünne Scheiben schneiden und auf den Gurkenscheiben verteilen. Mit Salz und Pfeffer würzen. Mit Olivenöl und Balsamico beträufeln.
- Vor dem Servieren mit fein gehacktem Basilikum bestreuen.

Rucolasalat mit Parmesan und Oliven

150 g	**Rucola**
1 Zweig	**Basilikum**
1 Esslöffel	**Olivenöl**
1 Esslöffel	**Balsamicoessig**
	Salz und Pfeffer aus der Mühle
50 g	**Parmesan**
6	**schwarze Oliven**

- Den Rucola gründlich waschen und abtropfen lassen.
- Olivenöl und Balsamico in eine Salatschüssel geben, mit Salz und Pfeffer würzen. Den Rucola dazugeben und gut mischen. Den Salat auf einem Teller anrichten, den Parmesan darüberhobeln und mit den Oliven garnieren. Am Schluss mit dem fein gehackten Basilikum bestreuen. Mit frischem Baguette servieren.

TIPP Die Oliven können nach Wunsch auch weggelassen werden.

Randensalat

1	**Rande (rote Bete), gekocht (ca. 300 g; vakuumiert)**
1	**mittelgroße Schalotte**
1 Esslöffel	**Olivenöl**
1 Esslöffel	**Rotweinessig**
	Salz und Pfeffer aus der Mühle
1 Zweig	**Estragon**

- Die Rande halbieren, in dünne Scheiben schneiden und auf einem Teller verteilen. Die Schalotte in feine Scheiben schneiden und über den Randen verteilen. Olivenöl und Essig verrühren und über den Salat träufeln. Mit Salz und Pfeffer würzen und mit gehacktem Estragon bestreuen.

Fenchelsalat mit Orangen

1	**große Fenchelknolle (siehe Tipp)**
1	**große Orange**
1	**Schalotte**
1 Esslöffel	**Baumnussöl**
1 Esslöffel	**weißer Balsamicoessig**

- Die Fenchelknolle halbieren und in dünne Scheiben schneiden. In wenig Wasser blanchieren oder kurz dämpfen. Abtropfen lassen und auf einem Teller auslegen.
- Die Orange schälen, entkernen und in dünne Scheiben schneiden. Auf dem Fenchel verteilen. Die Schalotte fein hacken und über den Salat streuen.
- Baumnussöl und Balsamico gut verrühren und über den Salat verteilen. Mit Salz und Pfeffer würzen.

TIPP Vorgekochte Fenchelknollen kann man gut einige Tage im Kühlschrank aufbewahren. Dann braucht man sie für dieses Rezept nur noch in Scheiben aufzuschneiden.

Wintersalat

200 g	**Randen (rote Bete)**
100 g	**Karotten**
100 g	**Wirsing**
300 ml	**Wasser**
1	**Rosmarinzweiglein**
2 Esslöffel	**Baumnussöl**
1 Esslöffel	**Himbeeressig**
	Salz und Pfeffer aus der Mühle
1 Esslöffel	**Baumnussöl zum Bestreichen des Tellers**

- Randen und Karotten schälen, vom Wirsing den Strunk entfernen. Alle Gemüse in dünne Scheiben bzw. Streifen schneiden.
- Das Wasser in einem Kochtopf erhitzen. Leicht salzen, ein paar Tropfen Öl und das Rosmarinzweiglein dazugeben. Das Gemüse im kochendem Wasser 5 Minuten blanchieren.
- Inzwischen Baumnussöl und Himbeeressig gut verrühren. Mit Salz und Pfeffer abschmecken.
- Das Gemüse in ein Sieb abschütten, unter fließendem kaltem Wasser abkühlen und gut abtropfen lassen.
- Einen Teller mit Baumnussöl bestreichen. Die Randen und Karottenscheiben kreisförmig auf dem Teller verteilen. Den Wirsing darauf anrichten. Mit der Salatsauce beträufeln. Falls nötig, nochmals mit Salz und Pfeffer würzen.

Spinatsalat mit Knoblauch

100 g zarte, junge Spinatblätter
2 Knoblauchzehen
1 Esslöffel Olivenöl
1 Esslöffel weißer Balsamicoessig
1 Esslöffel scharfer Senf
Salz und Pfeffer aus der Mühle

- Die Spinatblätter gut waschen und abtropfen lassen. Den Knoblauch fein hacken oder pressen. Beides in eine Salatschüssel geben.
- Olivenöl, Essig und Senf verrühren. Über den Salat gießen und vor dem Servieren gut durchmischen.

Spinatsalat mit Cherrytomaten und Feta

50 g junge, zarte Spinatblätter
6 Cherrytomaten
100 g Feta
1 Zweig Estragon
6 schwarze Oliven
1 Esslöffel kräftiges Olivenöl
1 Esslöffel Estragonessig
Salz und Pfeffer aus der Mühle

- Die Spinatblätter und die Tomaten waschen und gut abtropfen lassen. Den Feta in etwa 1 cm große Würfel schneiden. Den Estragon fein hacken.
- Spinatblätter, Tomaten und Oliven in eine Salatschüssel geben. Estragon, Olivenöl, Essig, Salz und Pfeffer beifügen und gut mischen. Den Salat auf einem Teller anrichten und mit den Fetawürfeln garnieren. Mit frischem Baguette servieren.

TIPP Tomato Blitz
Man nehme 2–3 schöne vollreife Tomaten, schneide sie in dünne Scheiben, dressiere sie auf einen großen Teller, ein paar Tropfen Balsamico und feinstes Olivenöl darüber, frisch gemahlener Pfeffer und Salz. Und schon haben wir den Salat. Genuss pur!

Steirischer Gurkensalat express

½	**Salatgurke**
4	**Essiggurken**
1 Esslöffel	**Kürbiskernöl**
	Salz und Pfeffer aus der Mühle

- Die Gurke und die Essiggurken in dünne Scheiben schneiden. Auf einem flachen Teller anrichten. Das Kürbiskernöl darüberträufeln. Mit Salz und Pfeffer würzen. Fertig!

Chinasalat

100 g	**Sojasprossen**
200 g	**Coleslaw (Kohl und Karotten, geraspelt)**
1 Zweig	**Koriander**
1 Esslöffel	**Sesamöl**
1 Esslöffel	**Sojasauce**
½	**Zitrone, Saft**
	wenig Tabasco

- Die Sojasprossen waschen und abtropfen lassen. Den Koriander fein hacken.
- Sesamöl, Sojasauce und Zitronensaft in einer Salatschüssel mischen. Ein paar Tropfen Tabasco hinzufügen. Sojasprossen und Coleslaw dazugeben und gut vermischen. Mit Koriander bestreut servieren.

GEMÜSE

UND KARTOFFELN

Gesund, leicht und schmackhaft. Gemüse ist schnell und einfach zubereitet und bildet die Grundlage für viele köstliche Mahlzeiten. Ob roh, gekocht, sautiert oder mit Vorliebe gedünstet. Je nach Saison finden Sie in jedem Supermarkt eine Riesenauswahl an marktfrischem Gemüse. Wählen Sie Ihre Lieblingssorten und essen Sie so viel davon, wie Sie nur mögen. Hier einige einfache und köstliche Rezepte, die Sie ganz nach Gusto auch mit anderen Gemüsesorten ausprobieren können.

Und selbstverständlich soll hier auch die Kartoffel ihren gebührenden Platz erhalten. Anfänglich wegen ihrer schönen Blüte und des üppigen Laubs als Zierpflanze beliebt, brauchte es fast ein Jahrhundert, bis sie zum festen Bestandteil der europäischen Küche wurde. Der französische Apotheker Antoine Augustin Parmentier erkannte als Erster den Nährwert der Knolle und sah darin eine Möglichkeit, die oft wiederkehrenden Hungersnöte zu lindern. Ein Kartoffelauflauf mit Hackfleisch (Hachis Parmentier) erinnert an den berühmten Wissenschaftler. Heute gehört die Kartoffel wie Getreide und Reis zu den Grundnahrungsmitteln.

Gemüse

Karotten mit Oregano

250 g	**Karotten**
1 Esslöffel	**Baumnussöl**
1 Zweig	**Oregano**
	Salz und Pfeffer aus der Mühle

- Die Karotten schälen und längs in dünne Scheiben schneiden. Auf einem Teller auslegen. Mit dem Baumnussöl beträufeln. Den Oregano hacken und darüber verteilen. Mit Salz und Pfeffer würzen. Das Gemüse mit Folie abdecken und 4 Minuten im Mikrowellenofen garen. Herausnehmen und vor dem Servieren noch 4–5 Minuten ziehen lassen.

TIPP Praktischer Gemüse-Vorrat
Kartoffeln, Karotten, Sellerie, Fenchel lassen sich gut auf Vorrat kochen. Das Gemüse mundgerecht schneiden, 15 Minuten in Salzwasser kochen, abtropfen lassen und zugedeckt im Kühlschrank aufbewahren. So hat man immer frisches Gemüse zur Hand, sei es für Salate, Beilagen oder zu Bratkartoffeln. Das Kochwasser kann man später zum Kochen von Reis oder Teigwaren verwenden. Alternative: Bereits gekochtes vakuumiertes Gemüse kaufen!

TIPP Knackiger Apéro-Snack
Radieschen waschen, Stiele und Blätter bis auf 1 cm entfernen. In einer Schale mit etwas Meersalz servieren.

Erbsen und Karotten

250 g	**Erbsen und Karotten, tiefgekühlt**
1 Esslöffel	**Baumnussöl**
	Salz und Pfeffer aus der Mühle

- Die Erbsen und Karotten kalt abspülen, gut abtropfen lassen und auf einen Teller geben. Das Baumnussöl darüberträufeln. Mit Salz und Pfeffer würzen. Mit Folie abdecken und 4 Minuten im Mikrowellenofen garen.
- Herausnehmen und vor dem Servieren noch 4 Minuten ziehen lassen.

TIPP Die Hitze des Geschirrs reicht aus, um das Gemüse fertigzugaren.

Zucchetti mit Zitrone

1	**Zucchetti (200 g)**
½	**Zitrone, Saft**
1 Esslöffel	**Olivenöl**
	Salz und Pfeffer aus der Mühle

- Die Zucchetti längs in dünne Scheiben schneiden. Auf einem Teller auslegen. Mit Zitronensaft und Olivenöl beträufeln. Mit Salz und Pfeffer würzen. Das Gemüse mit Folie abdecken und 4 Minuten im Mikrowellenofen garen.
- Herausnehmen und vor dem Servieren noch 4–5 Minuten ziehen lassen.

Gegrillte Peperoni

3	**Peperoni (Paprika), rot, gelb, grün**
1 Zweig	**Salbei**
1 Zweig	**Rosmarin**
1 Zweig	**Thymian**
	Salz und Pfeffer aus der Mühle
	Olivenöl

- Den Backofengrill auf 180 Grad vorheizen.
- Die Peperoni waschen, vierteln und sorgfältig entkernen. Die Peperoni mit der Hautseite nach oben auf ein Blech legen und 5 Minuten direkt unter dem Grill rösten, bis die Haut schwarz wird.
- In der Zwischenzeit Salbei, Rosmarin und Thymian fein hacken.
- Die Peperoni aus dem Ofen nehmen, unter kaltem Wasser abspülen und die Haut sorgfältig abziehen. Die geschälten Peperoni in feine Streifen schneiden, mit Salz und Pfeffer würzen, in ein sauberes Konservenglas füllen, die Kräuter dazugeben und gut mischen. Das Glas mit Olivenöl randvoll auffüllen. Die Peperoni halten sich so im Kühlschrank etwa eine Woche.

TIPP Die dreifarbigen Peperoni passen wunderbar zu einer kalten Platte. Durch das Entfernen der Haut sind sie leicht verdaulich.

Grillgemüse alla Toscana mit Parmaschinken

FÜR 2 PERSONEN

Ein wunderbares Essen für laue Sommerabende auf dem Balkon. Dazu ein kühler Rosé und knuspriges Baguette: O sole mio!

1	**rote Peperoni (Paprika)**
1	**Zucchetti**
1	**kleine Aubergine**
1 Zweig	**Rosmarin**
1 Zweig	**Salbei**
1 Esslöffel	**Olivenöl**
	Salz und Pfeffer aus der Mühle
200 g	**Parmaschinken**

- Den Backofengrill auf 200 Grad vorheizen.
- Die Peperoni waschen, vierteln und sorgfältig entkernen. Die Zucchetti längs vierteln. Die Aubergine in 4 runde etwa 2 cm dicke Scheiben schneiden. Rosmarin und Salbei fein hacken.
- Das Gemüse auf ein Blech (die Peperoni mit der Hautseite nach oben) legen und 5 Minuten direkt unter dem Grill rösten, dabei immer wieder kontrollieren. Sobald die Haut der Peperoni schwarz wird, das Gemüse aus dem Ofen nehmen. Die Ofentemperatur auf 120 Grad reduzieren.
- Die Peperoni unter kaltem Wasser abspülen und die Haut sorgfältig entfernen.
- Das Grillgemüse mit einem Pinsel beidseitig mit Olivenöl bestreichen. Mit Pfeffer und Salz würzen und mit den gehackten Kräutern bestreuen. Bis kurz vor dem Servieren im Ofen warm halten.
- Den Parmaschinken hübsch auf einer Servierplatte anrichten und das lauwarme Grillgemüse rundherum legen. Mit frischem Bauernbrot servieren.

TIPP Dieses Grillgemüse kann man auch im Kühlschrank aufbewahren und später als Sandwichgarnitur verwenden.

TIPP Immer frisches Brot
Möglichst kompakte und feuchte Multikorn-Brotsorten kaufen statt weißes Baguette. Sie schmecken besser, sind gesünder und bleiben viel länger frisch.

Kartoffeln

Rösti

Rösti sind so typisch für die deutschsprachige Schweiz, dass man vom »Röstigraben« spricht, wenn von den kulturellen Unterschieden zwischen den deutsch- und den französischsprachigen Eidgenossen die Rede ist.

1 Beutel	**küchenfertige Rösti (gekochte, geriebene Kartoffeln)**
	Salz und Pfeffer aus der Mühle
1 Zweig	**Petersilie**

- Die Rösti in eine beschichtete Pfanne geben und auf jeder Seite etwa 6 Minuten goldbraun braten. Mit Pfeffer und Salz würzen. Die Petersilie hacken und vor dem Servieren die Rösti damit bestreuen.
- Mit Spiegeleiern servieren.

VARIANTE: RÖSTI MIT SPECKWÜRFELN (BERNER RÖSTI)

100 g magere Speckwürfel in einer beschichteten Pfanne anbraten. Die Rösti dazugeben und weiterfahren wie oben beschrieben.

Bratkartoffeln

300 g	**festkochende Kartoffeln, am Vortag gekocht (siehe Tipp)**
1	**Zwiebel**
1 Esslöffel	**Olivenöl**
20 g	**Butter**
1 Zweig	**Rosmarin**
	Pfeffer und Salz

- Die Kartoffeln schälen und in Würfel schneiden.
- Die Zwiebel hacken. In einer beschichteten Bratpfanne Olivenöl und Butter erhitzen, die gehackte Zwiebel andünsten. Die Kartoffeln und die abgezupften Rosmarinnadeln dazugeben und gut mischen. Bei großer Hitze etwa 3 Minuten unter Wenden anbraten.
- Nach Belieben mit Bratwurst, Salat, Käse oder Aufschnitt servieren.

TIPP Für ein schnelles Essen lohnt es sich, immer genügend Kartoffeln (1 kg) im Voraus in Salzwasser zu kochen. Abschütten, abtropfen lassen und im Kühlschrank aufbewahren. Sie halten sich problemlos eine Woche.

Bratkartoffeln in Scheiben

1–2	**große festkochende Kartoffeln**
20 g	**Butter**
2	**Zweige Thymian**
	Pfeffer und Salz

- Die rohen Kartoffeln in dünne Scheiben schneiden und auf Küchenpapier trocken tupfen.
- Die Butter zusammen mit den abgezupften Thymianblättchen in einer beschichteten Pfanne erhitzen. Die Kartoffelscheiben in die Pfanne geben, mit Salz und Pfeffer würzen und 3 Minuten stark anbraten. Am Schluss die Hitze reduzieren und die Kartoffeln in der Pfanne wenden*. Nach Geschmack nochmals salzen und pfeffern. In der Pfanne ohne Deckel 5 Minuten weiter braten.
- Passt zu Rumpsteak oder Kalbsschnitzel.

* *Hoppla, ich sagte in der Pfanne, nicht auf dem Smoking!*

Kartoffelstock mit Rahm

400 ml	**Wasser**
1 Würfel	**Gemüsebouillon**
1 Prise	**Muskatnuss**
1 Beutel	**Kartoffelstock (Kartoffelpüree, mit Milch)**
5 Esslöffel	**Vollrahm (Sahne)**

- Das Wasser in einem Topf aufkochen. Bouillonwürfel und Muskatnuss dazugeben. Sobald das Wasser siedet, den Topf vom Herd ziehen und die Kartoffelflocken dazugeben. Vorsichtig umrühren und falls nötig noch etwas Wasser nachgießen.
- Das Kartoffelpüree erneut erwärmen. Den Rahm unter ständigem Rühren dazugeben, bis das Püree eine cremige Konsistenz erreicht hat.

Frühlingskartoffeln mit frischen Kräutern

300 ml	**Wasser**
500 g	**Frühkartoffeln, ungeschält**
1	**Rosmarinzweiglein**
1 Zweig	**Salbei**
1 Zweig	**Petersilie**
1 Esslöffel	**Olivenöl**
	Salz und Pfeffer aus der Mühle

- Das Wasser in einem Topf aufkochen. Etwas Olivenöl, eine Prise Salz und das Rosmarinzweiglein dazugeben. Die Kartoffeln mit einem Messer längs bis zur Hälfte einschneiden (so garen sie schneller) und 6 Minuten kochen.
- In der Zwischenzeit Salbei und Petersilie fein hacken. Das Olivenöl in einer beschichteten Pfanne erhitzen und die Kräuter dazugeben. Die Kartoffeln abtropfen lassen und in der Kräuter-Öl-Mischung 3 Minuten unter ständigem Wenden anbraten.

TIPP Gemüse fertig los!
Kartoffeln, Karotten, Sellerie und Fenchel wenn nötig schälen und würfeln. 3 Minuten in Salzwasser kochen. Die Herdplatte abschalten. Fertig ist das knackige Gemüse.

Kartoffeln mit Bärlauch

2	**große Kartoffeln (300 g)**
200 ml	**Wasser**
30 g	**Bärlauchblätter**
1 Esslöffel	**Olivenöl**
	Salz und Pfeffer aus der Mühle

- Die Kartoffeln schälen und in Würfel schneiden.
- Das Wasser in einen Topf geben, leicht salzen und aufkochen. Die Kartoffelwürfel darin 5–6 Minuten kochen. Abschütten und abtropfen lassen.
- Inzwischen den Bärlauch waschen, trocknen und fein hacken. Die noch warmen Kartoffelwürfel mit Olivenöl und Bärlauch gut mischen und in einer vorgewärmten Schüssel servieren.
- Passt wunderbar zu Käse, Aufschnitt oder Fisch.

FLEISCH UND GEFLÜGEL

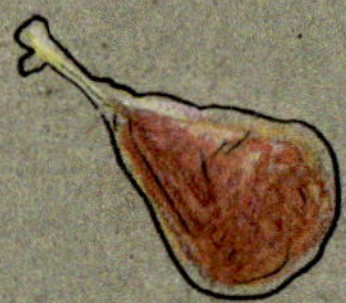

»Alles was sich regt und lebt,
das sei eure Speise.«
1. Mose 9,3

Danke, lieber Moses, aber wir leben im 21. Jahrhundert und möchten nicht unbedingt alles essen, was da kreucht und fleucht. Obwohl in gewissen Gegenden Heuschrecken, Maden und andere Insekten durchaus als Köstlichkeiten gelten. Ein saftiges Steak, ein schöner Sauerbraten oder eine Bratwurst, das mundet uns besser!

Heutzutage tobt in den Medien und im Internet eine heftige Auseinandersetzung zwischen Fleischessern und Vegetariern. Auch zwischen Männern und Frauen gibt es immer noch klare Unterschiede, was den Fleischverzehr anbelangt. »Chacun son goût«, jedem das Seine. Dabei gilt es zu bedenken, dass jede Ernährungsweise den Tod von Lebewesen mit sich bringt, seien dies nun Tiere, Pflanzen oder Mikroorganismen. Doch wie dem auch sei, der Jäger im Manne scheint überlebt zu haben: Der fleischliebende Gentleman – Homo carnivorus – hält sich da lieber raus und genießt in Ruhe sein saftiges Steak.

Rind

Rindsgeschnetzeltes Szechuan

	Marinade
1	**Chilischote**
1 Esslöffel	**Sojasauce**
1 Esslöffel	**Sesamöl**
2 Esslöffel	**Szechuan-Sauce oder chinesische Gewürzmischung (siehe Tipp)**
5 Esslöffel	**Orangensaft**
150 g	**Rindsgeschnetzeltes**
1½ Tassen	**Wasser**
½ Tasse	**Parfümreis**
1	**Frühlingszwiebel**
2 Esslöffel	**Erdnussöl**
200 g	**China-Gemüsemischung, tiefgekühlt**

- Für die Marinade die Chilischote fein hacken. Sojasauce, Sesamöl, Szechuan-Sauce, Chili und Orangensaft in eine Schüssel geben und gut verrühren. Das Rindfleisch in die Marinade geben und gut durchmischen.
- Das Wasser in einem kleinen Topf erhitzen. Den Parfümreis dazugeben und auf kleiner Flamme 10 Minuten köcheln lassen. Bis zum Servieren zugedeckt warm halten und falls nötig noch etwas Wasser zugeben.

- Die Frühlingszwiebel fein schneiden. 1 Esslöffel Erdnussöl in einer Bratpfanne oder im Wok erhitzen. Die Frühlingszwiebel darin anbraten. Herausnehmen und warm stellen. Nochmals 1 Esslöffel Erdnussöl in die Bratpfanne geben und erhitzen. Das Rindfleisch aus der Marinade nehmen und 3–4 Minuten unter ständigem Rühren anbraten. Das Chinagemüse, die Frühlingszwiebeln und den Rest der Marinade kurz vor dem Servieren dazugeben und gut durchmischen. Mit dem Reis servieren.

TIPP Sauce à la Chinoise und Chinagewürz hausgemacht

Vergessen Sie alle Standard-China-Fertigsaucen mit viel zu viel Fett und Zucker drin! Stattdessen fügen Sie dem gewürzten und angebratenen Fleisch einfach etwas Sesamöl und Mango- oder Orangensaft zu. Fertig ist das leichte, gesunde »China Fast Food«, das zudem echt chinesisch schmeckt.
Und für ein selbstgemachtes chinesisches Fünfgewürzepulver (ausreichend für 10–15 Portionen) 10 g Szechuanpfeffer, 10 g Korianderkörner, 4 Sternanis, 10 g Fenchelsamen, 10 g Zimt im Mörser, in der Gewürzmühle oder im Cutter mahlen. Nach einem uralten, traditionellen Yin- und Yang-Rezept.

Rindsgeschnetzeltes mit Rahmsauce und Butternudeln

200 ml	**Wasser**
100 g	**breite Nudeln**
1	**Zwiebel**
1 Zweig	**Rosmarin**
200 g	**Rindsgeschnetzeltes**
	Salz und Pfeffer aus der Mühle
1 Esslöffel	**Erdnussöl**
10 g	**Butter**
5 Esslöffel	**Vollrahm (Sahne)**
2 Teelöffel	**Rindsbouillonpulver**

- Das Wasser in einem Kochtopf erhitzen, etwas Salz und Öl dazugeben. Die Nudeln darin 8 Minuten kochen.
- In der Zwischenzeit Zwiebel und Rosmarin fein hacken. Das Rindfleisch mit Salz und Pfeffer würzen. In einer beschichteten Bratpfanne Öl und Butter erhitzen, Zwiebel und Rosmarin dazugeben und das Rindfleisch darin bei starker Hitze unter ständigem Wenden 3 Minuten kräftig anbraten.
- In einer Tasse den Rahm mit dem Bouillonpulver gut vermischen, zum Fleisch geben und auf kleiner Flamme unter Rühren weiterköcheln, bis die Sauce etwas bindet.
- Die Nudeln abschütten und in einem Sieb abtropfen lassen. Butter im Nudelkochtopf schmelzen lassen, die Nudeln dazugeben und im zugedeckten Topf kräftig durchschütteln.
- Das Rindsgeschnetzelte zusammen mit den Nudeln auf einem vorgewärmten Teller servieren.

TIPP Zum Anbraten eignet sich eine Mischung von Öl und Butter besonders gut. Das Öl kann man höher erhitzen und damit das Fleisch heißer anbraten, die Butter gibt den feinen Geschmack.

Steak mit Ofen-Pommes

200 g	**Backofen-Pommes, tiefgekühlt**
1	**Zwiebel**
1 Esslöffel	**Bratbutter oder Butterschmalz**
1	**Rindssteak (ca. 200 g)**
	Salz und Pfeffer aus der Mühle
	scharfer Senf zum Servieren

- Den Backofengrill auf 200 Grad vorheizen. Die tiefgefühlten Pommes frites auf einem Blech oder einer ofenfesten Platte verteilen, leicht salzen und 10 bis 15 Minuten unter dem Ofengrill braten. Ab und zu kontrollieren und wenden.
- In der Zwischenzeit die Zwiebel in feine Scheiben schneiden und in der Bratbutter stark anbraten und anbräunen. Herausnehmen und warm stellen.
- Das Steak mit Salz und Pfeffer würzen und in der Bratpfanne auf jeder Seite 2 Minuten kräftig anbraten. Die Pfanne vom Herd nehmen. Das Steak mit den gerösteten Zwiebeln garnieren und in der heißen Pfanne noch etwas ziehen lassen.
- Die Pommes frites aus dem Ofen nehmen, nochmals mit Salz und Pfeffer bestreuen und zusammen mit dem Steak servieren. Dazu scharfen Senf reichen.

Steak Tatar

150 g	**Rindfleisch für Tatar (tiefgekühlt)**
1	**mittelgroße Zwiebel**
1	**Knoblauchzehe**
1	**Essiggurke**
1 Esslöffel	**Kapern**
1 Esslöffel	**Ketchup**
	etwas Senf
1	**Eigelb**
2 cl	**Cognac, Wodka oder Calvados**
	Salz, Paprikapulver, Tabasco, Pfeffer aus der Mühle

- Das Tatarfleisch auftauen lassen (wenn es schnell gehen muss, in der Plastikverpackung unter fließendem kaltem Wasser).
- Eine halbe Zwiebel, den Knoblauch, die Essiggurke und die Hälfte der Kapern fein hacken. Die zweite Zwiebelhälfte in feine Ringe schneiden.
- Ketchup und Senf in eine Schüssel geben. Eigelb, Cognac, 1 Prise Salz, 1 Esslöffel Paprikapulver, 1 Schuss Tabasco und etwas Pfeffer dazugeben und gut vermischen. Das Tatarfleisch beifügen und mit einer Gabel sorgfältig durchmischen. Das Tatar in runder oder Herzform auf einem flachen Teller anrichten. Rundherum mit Zwiebelringen und Kapern dekorieren. Mit Buttertoast oder frischem Bauernbrot genießen.

TIPP Auch wenn es mit dem Auftauen eilt, rohes Fleisch nie mit heißem Wasser auftauen! Das Fleisch würde dadurch quasi vorgegart und die Qualität darunter leiden.

Rindscarpaccio

150 g	**Rindfleisch in hauchdünnen Scheiben (für Fondue Chinoise, tiefgekühlt)**
	Pfeffer aus der Mühle, grobes Salz, Knoblauchpulver
1 Esslöffel	**Olivenöl**
etwas	**Zitronensaft**
1 Esslöffel	**Kapern, abgespült**
1 Zweig	**Basilikum, gehackt**
6	**Blätter Rucola**
20 g	**Parmesan, gehobelt**
	Olivenöl und weißer Balsamicoessig zum Servieren

- Die Fleischscheiben kreisförmig auf einem Teller auslegen. Großzügig pfeffern, leicht salzen und mit Knoblauchpulver bestreuen. Das Fleisch mit Olivenöl und Zitronensaft beträufeln. Mit den Kapern und dem gehackten Basilikum garnieren.
- Die Rucolablätter sternförmig auf das Fleisch legen und den Parmesan in groben Spänen darüberhobeln.
- Mit Olivenöl, weißem Balsamico und getoastetem Brot servieren.

TIPP Immer frischer Toast

Vollkornbrot in Scheiben schneiden, luftdicht verpacken und ab in den Tiefkühler oder ins Eisfach damit! Bei Bedarf die tiefgekühlten Scheiben direkt in den Toaster geben. Alternative: Fertig gekauften Vollkorntoast direkt nach dem Einkauf in der Verpackung in den Tiefkühler oder das Eisfach geben. Und wenn Sie viele Toasts aufs Mal brauchen, heizen Sie den Backofen auf 200 Grad Oberhitze vor. Legen Sie die Brotscheiben auf ein Blech und schieben Sie sie direkt unter dem Grill ein. Maximum 1 Minute pro Seite genügt. (Achtung, es geht sehr schnell!)

Schwein

Schweinsgeschnetzeltes mit süß-sauer Sauce

4 cl	**Wermut oder weißer Portwein**
1 Esslöffel	**Sojasauce**
1 Esslöffel	**Maisstärke**
1	**Chilischote, gehackt**
1 Esslöffel	**Weinessig**
1 Esslöffel	**Sesamöl**
1 Esslöffel	**brauner Zucker**
1 Scheibe	**Ananas (aus der Dose), gewürfelt**
1½ Tassen	**Wasser**
½ Tasse	**Parfümreis**
1	**rote Peperoni (Paprika)**
1	**Knoblauchzehe**
1 Esslöffel	**Erdnussöl**
200 g	**geschnetzeltes Schweinefleisch**

- In einer kleinen Pfanne Wermut oder Portwein, Sojasauce, Maisstärke, die gehackte Chili, Essig und Sesamöl vermischen. Den Zucker und die Ananaswürfel beifügen. Auf kleinem Feuer aufkochen, dabei häufig umrühren und 3 Minuten köcheln lassen. Warm stellen.
- In einem zweiten Topf das Wasser zum Sieden bringen. Den Parfümreis zugeben und auf kleiner Flamme 10 Minuten köcheln lassen.
- In der Zwischenzeit die Peperoni entkernen und in feine Streifen schneiden. Die Knoblauchzehe hacken. In einer großen Bratpfanne oder im Wok das Erdnussöl erhitzen. Fleisch, Peperoni und Knoblauch bei großer Hitze kräftig unter ständigem Rühren anbraten. Nach 3 Minuten herausnehmen und auf Küchenpapier abtupfen, dann in die süß-saure Sauce geben und nochmals 3 Minuten köcheln lassen.
- Den Reis vom Feuer nehmen und zugedeckt noch etwas ziehen lassen. Reis und Fleisch getrennt in Chinaschüsseln servieren.

Schweinefleisch mit Ingwersauce

1½ Tassen	**Wasser**
½ Tasse	**Basmatireis**
2	**Frühlingszwiebeln**
20 g	**frischer Ingwer**
200 g	**Schweinefleisch, gewürfelt**
1 Esslöffel	**Bratbutter oder Butterschmalz**
½	**Zitrone, Saft**
	Salz und Pfeffer aus der Mühle

- Das Wasser in einen kleinen Topf geben, leicht salzen und zum Sieden bringen. Den Basmatireis zugeben und 10 Minuten bei kleiner Hitze köcheln lassen.
- In der Zwischenzeit, die Frühlingszwiebeln in feine Scheiben schneiden, den Ingwer schälen und fein hacken. In einer großen Bratpfanne oder im Wok das Schweinefleisch in der heißen Bratbutter unter ständigem Rühren kräftig anbraten. Nach 3 Minuten Zwiebel, Ingwer und Zitronensaft dazugeben. Mit Salz und Pfeffer abschmecken, vom Herd nehmen und noch kurz ziehen lassen.
- Dem gegarten Reis falls nötig noch etwas Wasser zugeben und kurz weiter ziehen lassen.
- Reis und Fleisch getrennt in Chinaschüsseln servieren.

Schweinssteak mit Zitronensauce

1	**unbehandelte Zitrone**
1	**Zwiebel**
1 Zweig	**Oregano**
1	**Schweinssteak (ca. 200 g)**
	Salz und Pfeffer aus der Mühle
1 Esslöffel	**Olivenöl**
1 Teelöffel	**brauner Zucker**

- Die Zitronenschale abreiben und den Saft auspressen, dabei die Kerne sorgfältig entfernen. Die Zwiebel in feine Scheiben schneiden. Den Oregano fein hacken.
- Das Schweinssteak mit Salz und Pfeffer würzen. Das Olivenöl in einer kleinen Bratpfanne erhitzen und das Steak zusammen mit den Zwiebelscheiben auf jeder Seite 3 Minuten kräftig anbraten. Zitronensaft, Zucker und Oregano beigeben und abschmecken. Auf der ausgeschalteten Herdplatte zugedeckt 3–4 Minuten ziehen lassen.
- Vor dem Servieren, das Steak mit der abgeriebenen Zitronenschale bestreuen. Mit Nudeln oder Reis servieren.

Schweinskotelett mit Rosmarin

1 Zweig	**Rosmarin**
1	**Zwiebel**
1 Esslöffel	**Olivenöl**
1	**Schweinskotelett (ca. 200 g)**
½	**Zitrone, Saft**
	Salz und Pfeffer aus der Mühle

- Den Rosmarin hacken. Die Zwiebel schälen und halbieren. In einer kleinen Bratpfanne oder im Wok das Öl erhitzen und den gehackten Rosmarin dazugeben. Das Schweinskotelett und die Zwiebelhälften hineingeben und das Fleisch auf jeder Seite 3 Minuten kräftig anbraten. Den Zitronensaft dazugießen und mit Salz und Pfeffer würzen. Auf der ausgeschalteten Herdplatte zugedeckt 5 Minuten ziehen lassen. Die Resthitze genügt, um das Kotelett perfekt zu garen.
- Mit Nudeln oder Reis servieren.

Porc 'n' Kraut (Express-Sauerkraut)

Ein Express-Rezept ohne jeden Respekt gegenüber der Tradition, aber unheimlich gut! Perfekt wenn es draußen kalt und nass ist. Diese »Choucroute« ist mehr »américaine« denn »alsacienne«, dafür aber sehr schmackhaft. Wenn Freunde unangemeldet auftauchen, die Menge einfach verdoppeln oder vervierfachen. And let's go for a traditional »Porc 'n' Kraut'-Dinner«!

	Pro Person
200 ml	**Wasser**
250 g	**fertig gekochtes Sauerkraut**
	Kümmel
2	**gekochte Kartoffeln**
1 Paar	**Knackwürstchen (Wienerli, Frankfurter)**
1	**geräuchertes Schweinsrippchen**
	körniger Senf

- Das Wasser in einem Kochtopf zum Sieden bringen. Das Sauerkraut hineingeben und mit Kümmel bestreuen. Die Kartoffeln auf das Sauerkraut legen und darauf die Schweinsrippchen. Alles 6 Minuten zugedeckt bei kleiner Hitze kochen lassen. Dann die Würstchen dazugeben und weitere 3 Minuten kochen.
- Alles auf einem großen Teller anrichten und mit körnigem Senf servieren.

Geflügel

Pouletgeschnetzeltes mit süß-saurer Sauce

2	**Frühlingszwiebeln**
1	**Chilischote**
1	**Knoblauchzehe**
1 Esslöffel	**Sojasauce**
1 Esslöffel	**Sesamöl**
½	**Zitrone, Saft**
1 Esslöffel	**brauner Zucker**
1 Esslöffel	**Erdnussöl**
200 g	**Pouletgeschnetzeltes (Hähnchen)**
1 Zweig	**Koriander**
	Salz und Pfeffer aus der Mühle

- Die Frühlingszwiebeln in feine Scheiben schneiden. Chili und Knoblauch fein hacken. Sojasauce, Sesamöl, Zitronensaft und Zucker in eine Schüssel geben. Knoblauch und Chili beifügen.
- Parfüm- oder Basmatireis kochen, wie Seite 28/29 beschrieben.
- In der Zwischenzeit das Erdnussöl in einer Bratpfanne oder im Wok erhitzen und das Pouletfleisch darin unter ständigem Rühren kräftig anbraten. Nach 3 Minuten die süß-saure Sauce dazugeben und noch 4 Minuten weiter köcheln lassen. Vor dem Servieren mit dem Koriander bestreuen und zusammen mit dem Reis servieren.

Pouletgeschnetzeltes mit Curryrahmsauce

1	**Zwiebel**
1 Scheibe	**Ananas (aus der Dose)**
5 Esslöffel	**Vollrahm (Sahne)**
1 Esslöffel	**Currypulver**
1 Esslöffel	**Cayennepfeffer**
	Salz und Pfeffer aus der Mühle
1 Esslöffel	**Erdnussöl**
200 g	**Pouletgeschnetzeltes (Hähnchen)**

- Die Zwiebel fein hacken. Die Ananas in Würfel schneiden.
- Rahm, Curry und Cayennepfeffer in einer Schüssel mischen. Mit Pfeffer und Salz abschmecken.
- Parfüm- oder Basmatireis kochen, wie Seite 28/29 beschrieben.
- In der Zwischenzeit das Erdnussöl in einer Bratpfanne oder im Wok erhitzen und das Pouletfleisch darin unter ständigem Rühren kräftig anbraten. Nach 3 Minuten die Rahmmischung zusammen mit den Ananaswürfeln dazugeben und etwa 4 Minuten weiter köcheln lassen.
- Zusammen mit dem Reis servieren.

Pouletbrustfilet mit Zitronensauce

1	**unbehandelte Zitrone**
1	**Zwiebel**
1 Zweig	**Koriander**
2	**Pouletbrustfilets (Hähnchenbrustfilets)**
	Salz und Pfeffer aus der Mühle
1 Esslöffel	**Bratbutter oder Butterschmalz**
1 Esslöffel	**Sesamöl**
1 Teelöffel	**brauner Zucker**

- Die Zitronenschale abreiben und den Saft auspressen, dabei die Kerne sorgfältig entfernen. Die Zwiebel in feine Scheiben schneiden und den Koriander fein hacken.
- Die Pouletbrüstchen mit Salz und Pfeffer würzen. Die Bratbutter in einer Bratpfanne erhitzen und die Pouletbrüstchen darin zusammen mit den Zwiebelscheiben auf jeder Seite 3 Minuten kräftig braten. Zitronensaft, Sesamöl und Zucker dazugeben und abschmecken. Auf der ausgeschalteten Herdplatte zugedeckt 3–4 Minuten ziehen lassen.
- Vor dem Servieren die Pouletfilets mit der abgeriebenen Zitronenschale und dem Koriander bestreuen. Mit Nudeln oder Reis servieren.

TIPP Immer frischer Zitronensaft
Die Zitrone am unteren Ende rundherum mit einer Gabel tief einstechen. Die Zitrone pressen, bis der Saft herausläuft. Auf diese Weise bleibt die Zitrone im Kühlschrank einige Tage frisch und kann mehrere Male Saft liefern.

Fried Rice mit Poulet

2	**Pouletbrustfilets (Hähnchenbrustfilets), gekocht, vakuumiert**
1	**Chilischote**
1 Zweig	**Koriander**
1 Esslöffel	**Sesamöl**
1 Esslöffel	**Sojasauce**
300 g	**gekochter Reis (siehe Tipp)**

- Die gekochten Pouletfilets in Würfel schneiden. Die Chilischote entkernen, Chili und Koriander fein hacken.
- Das Pouletfleisch mit dem Sesamöl in einer beschichteten Pfanne 2 Minuten kräftig braten. Sojasauce und Chili dazugeben. Dann den Reis löffelweise unter das Fleisch mischen und unter ständigem Rühren 2 Minuten weiterbraten. Vor dem Servieren mit dem Koriander bestreuen.

TIPP Es lohnt sich, gleich eine größere Menge Reis zu kochen. Er hält sich als praktischer Vorrat im Kühlschrank etwa 5 Tage. Daraus kann man im Handumdrehen einen Fried Rice oder Gemüsereis zubereiten.

Pouletfilets mit Safransauce

½	**unbehandelte Zitrone**
1	**Zwiebel**
2	**Pouletbrustfilets (Hähnchenbrustfilets)**
1 Esslöffel	**Bratbutter oder Butterschmalz**
10	**Safranfäden**
5 Esslöffel	**Vollrahm (Sahne)**
	Salz und Pfeffer aus der Mühle

- Die Zitronenschale abreiben und den Saft auspressen, dabei die Kerne sorgfältig entfernen. Die Zwiebel in feine Scheiben schneiden.
- Die Pouletfilets mit Salz und Pfeffer bestreuen. Die Bratbutter in einer Bratpfanne erhitzen und die Pouletfilets zusammen mit den Zwiebelscheiben darin auf jeder Seite 3 Minuten kräftig anbraten. Die Pouletfilets herausnehmen und zugedeckt warm stellen.
- Zitronensaft, Safranfäden und Rahm in die Pfanne geben, umrühren und sanft erwärmen, bis die Sauce leicht bindet. Die Pouletfilets wieder dazugeben und mit der Sauce übergießen.
- Die Pouletfilets anrichten und mit der abgeriebenen Zitronenschale bestreuen. Dazu passen Nudeln oder Reis.

Entenbrust mit Dörrzwetschgen

1	**Entenbrustfilet (ca. 200 g)**
1	**Knoblauchzehe**
1 Esslöffel	**Erdnussöl**
4 cl	**Portwein**
1 Esslöffel	**brauner Zucker**
4	**Dörrzwetschgen**
1 Esslöffel	**Himbeeressig**
	Salz und Pfeffer aus der Mühle

- Die Entenbrust samt der Hautschicht mit einem scharfen Messer in dünne Scheiben schneiden. Den Knoblauch fein hacken.
- Das Erdnussöl in einer Bratpfanne erhitzen, den gehackten Knoblauch dazugeben und das Fleisch darin 4 Minuten unter häufigem Wenden anbraten. Das Fleisch herausnehmen und zugedeckt warm stellen.
- Den Bratensatz mit dem Portwein ablöschen, Zucker, Dörrzwetschgen und Himbeeressig dazugeben. Die Sauce abschmecken und weiter köcheln, bis sie die richtige Konsistenz erreicht hat. Die Fleischscheiben wieder dazugeben, umrühren und sofort servieren. Dazu passen sehr gut Nudeln oder Reis.

FISCH

UND MEERESFRÜCHTE

Fische und Meeresfrüchte sind leicht, bekömmlich und schmecken hervorragend. Dazu sind sie sehr einfach zuzubereiten. Ein nahezu vollkommenes Produkt – ob Lachs, Thunfisch, Kabeljau oder Crevetten. Fische kauft man am besten frisch beim Fischhändler oder tiefgekühlt. Frischer Wildfang ist heute seltener geworden und deshalb teuer. Zuchtfische mit Umweltlabel bieten eine gute Alternative und sind recht preiswert.

Kabeljau mit Safransauce und Reis

2	**Kabeljaufilets, tiefgekühlt (200 g)**
½	**Zitrone**
½ Tasse	**Risottoreis (Carnaroli)**
1½ Tassen	**Wasser**
1 Esslöffel	**Olivenöl**
5 Esslöffel	**Vollrahm (Sahne)**
10	**Safranfäden**
1 Esslöffel	**Fischfond**
	Salz und Pfeffer aus der Mühle

- Die Kabeljaufilets auftauen lassen (wenn es eilt, unter fließendem kaltem Wasser).
- Die Zitronenschale abreiben, den Saft auspressen, dabei die Kerne entfernen.
- Den Reis im leicht gesalzenen Wasser 10 Minuten kochen.
- Die Kabeljaufilets in einer beschichteten Pfanne im Olivenöl auf jeder Seite 2 Minuten braten. Mit dem Zitronensaft beträufeln und zugedeckt warm stellen.
- Rahm, Safranfäden und Fischfond in der Pfanne mischen, abschmecken und leicht köcheln lassen, bis sie etwas bindet. Den Fisch wieder dazugeben und mit Sauce übergießen. Zugedeckt fertig garen.
- Den Reis vom Herd nehmen, falls nötig etwas Wasser hinzufügen und zugedeckt ziehen lassen.
- Den Fisch, mit Zitronenschale bestreut, mit dem Reis servieren.

Pangasius mit Dillsauce, Basmatireis, Erbsen und Karotten

2	**Pangasiusfilets, tiefgefroren (200 g)**
200 g	**Erbsen und Karotten, tiefgekühlt**
1½ Tassen	**Wasser**
½ Tasse	**Basmatireis**
2	**Dillzweiglein**
1 Esslöffel	**Olivenöl**
1 Esslöffel	**Walnussöl**
50 g	**Crème fraîche**
1 Esslöffel	**Fischfond**
	Salz und Pfeffer aus der Mühle
1 Esslöffel	**Sesamöl**

- Die Fischfilets und das Gemüse auftauen lassen (wenn es eilt, unter fließendem kaltem Wasser).
- Den Reis im leicht gesalzenen Wasser 7 Minuten kochen.
- Die Fischfilets mit Salz und Pfeffer würzen. Die Filets mit einem Dillzweiglein dazwischen aufeinander legen. In einer beschichteten Pfanne im Olivenöl auf jeder Seite 2 Minuten braten. Zugedeckt 5 Minuten fertig garen.
- In der Zwischenzeit die Erbsen und Karotten mit dem Walnussöl beträufeln und im Mikrowellenofen 4 Minuten garen oder in wenig Salzwasser blanchieren.
- In einer Tasse die Crème fraîche mit dem Fischfond verrühren, mit Salz und Pfeffer würzen. Sobald der Fisch gar ist, die Crème-fraîche-Mischung dazugeben und mit dem Garfond verrühren. Das zweite Dillzweiglein hacken und dazugeben. Nochmals abschmecken.
- Den Reis vor dem Servieren mit dem Sesamöl beträufeln.
- Den Fisch mit dem Reis anrichten und mit der Rahmsauce übergießen.

Lachs mit Zitronensauce

1 Tranche	**Lachs (ca. 200 g)**
	Salz und Pfeffer aus der Mühle
1 Esslöffel	**Olivenöl**
½	**unbehandelte Zitrone**
2 Esslöffel	**Wasser**
1 Esslöffel	**brauner Zucker**
1 Zweig	**Dill**

- Den Lachs mit Salz und Pfeffer würzen. Das Olivenöl in einer beschichteten Pfanne erhitzen. Den Lachs auf jeder Seite 3 Minuten kräftig braten.
- Inzwischen die Zitronenschale abreiben und den Saft auspressen. Wasser, Zucker und Zitronensaft zum Lachs geben und mit dem Bratfond mischen.
- Den Fisch anrichten und mit dem zerzupften Dill bestreuen.
- Dazu passen Salzkartoffeln mit Kräutern.

Schwertfisch a la Valenciana

1 Tranche	**Schwertfisch (ca. 200 g)**
	Salz und Pfeffer aus der Mühle
2	**Knoblauchzehen**
1 Zweig	**Petersilie**
½	**unbehandelte Zitrone**
1 Esslöffel	**Olivenöl**

- Die Schwertfischtranche in zwei dünne Schnitzel schneiden. Mit Salz und Pfeffer würzen.
- Knoblauch und Petersilie hacken. Die Zitronenschale abreiben und den Saft auspressen.
- In einer beschichteten Pfanne das Olivenöl mit Knoblauch und Petersilie erhitzen. Sobald der Knoblauch goldbraun wird, den Fisch beigeben und auf jeder Seite 2 Minuten kräftig braten. Herausnehmen und zugedeckt warm stellen.
- Den Zitronensaft zum Bratjus geben. Vor dem Servieren Sauce über den Schwertfisch gießen.
- Dazu passt Safranreis.

Thunfischsteak mit Rettichsauce

1 Tranche	**roter Thunfisch (ca. 200 g)**
	Salz und Pfeffer aus der Mühle
1 Esslöffel	**Olivenöl**
1 Esslöffel	**geraffelter Rettich**

- Den Thunfisch mit Salz und Pfeffer würzen. Das Olivenöl in einer beschichteten Pfanne erhitzen und den Fisch auf jeder Seite 3 Minuten kräftig braten. Die Hitze reduzieren. Den Fisch auf beiden Seiten mit dem geraffelten Rettich bestreichen und zugedeckt 4 Minuten köcheln lassen.
- Den Thunfisch auf einem vorgewärmten Teller anrichten und mit dem Bratjus übergießen.
- Dazu passen Grillgemüse oder Country Fries (siehe Seite 102).

Seeteufel mit schwarzen Oliven

Chic und teuer. Dieses Rezept aus der Provence ist für spezielle Momente gedacht. Probieren Sie es erst mal allein aus, bevor Sie Ihre Kochtalente Ihrer staunenden »Flamme« unter Beweis stellen!

50 g	**schwarze Oliven, entsteint**
1 Esslöffel	**Olivenöl**
1 Tranche	**Seeteufel mit Knorpel (ca. 150 g)**
	grobes Salz und Pfeffer aus der Mühle

- Die Oliven fein hacken. Das Olivenöl mit den gehackten Oliven in einer beschichteten Pfanne erhitzen. Den Seeteufel mit Salz und Pfeffer würzen. Sobald die Oliven dünsten, den Fisch dazugeben und 4–5 Minuten darin braten, dabei regelmäßig mit dem Bratfond begießen.
- Den Fisch auf einem Teller anrichten und die Olivensauce darüber verteilen. Eventuell nochmals mit Salz und Pfeffer nachwürzen.
- Dazu passen Reis oder Salzkartoffeln mit Thymian.

Riesencrevetten mit Knoblauch

2	**Knoblauchzehen**
1 Zweig	**Petersilie**
1	**Zwiebel**
2 Esslöffel	**Olivenöl**
6	**Riesencrevetten (Garnelen) mit Schwanz**
½	**Zitrone, Saft**
	Salz und Pfeffer aus der Mühle
	Reis nach Rezept Seite 85

- Knoblauch und Petersilie fein hacken. Die Zwiebel in feine Scheiben schneiden.
- Das Olivenöl in einer beschichteten Pfanne erhitzen. Die Riesencrevetten im heißen Öl braten, bis sie sich rot färben. Knoblauch, Petersilie und Zwiebel dazugeben und alles gut mischen. Mit dem Zitronensaft begießen, reichlich salzen, vom Herd nehmen und 3–4 Minuten ziehen lassen.
- Die Riesencrevetten auf einem Teller anrichten. Den Reis in eine kleine, eingeölte Schale geben, leicht pressen und in die Mitte des Tellers stürzen. Die Crevetten mit dem Bratjus begießen.

SPECIALS

FÜR EINLADUNGEN

Amuse-bouches und Finger Food

Amuse-bouches, Finger Food, Appetizers sind der perfekte Auftakt zu einem gepflegten Essen. Sie passen aber auch zu einem kühlen Bier und zu heißen Fußballabenden vor dem Fernseher! Sie sind schnell zubereitet und werden Ihre Freunde über Ihre kulinarischen Talente staunen lassen!

Belegte Brötchen in 6 Variationen

FÜR 6–8 PERSONEN

Zum Aperitif reichen 2–3 Brötchen pro Person, als Lunch rechnet man ein halbes Baguette.

3	**Baguettebrote**
2	**mittelgroße Auberginen**
1 Bund	**Thymian**
1 Bund	**Basilikum**
2	**Chili- oder Pfefferschoten**
4	**Knoblauchzehen**
1 Dose	**gehackte Tomaten**
	Olivenöl, Balsamicoessig
	Salz und Pfeffer aus der Mühle
1 Dose	**Tapenade (Olivenpaste)**
1 Dose	**Ölsardinen**
1 Beutel	**schwarze Oliven, entsteint**
1	**Zwiebel**
	Tomatenpüree aus der Tube
1	**Streichleberwurst**
1 Packung	**Frischkäse**
1 Bund	**Schnittlauch, fein gehackt**

- Den Backofengrill auf 180 Grad vorheizen. Die Auberginen in Scheiben schneiden (1 cm dick) und unter dem Grill 5–6 Minuten rösten; dabei immer wieder kontrollieren, damit sie nicht zu stark bräunen.
- Die Baguettes schräg jeweils in 12 dünne Scheiben schneiden. Auf ein Blech legen und mit Umluft auf jeder Seite 3 Minuten rösten.
- In der Zwischenzeit Thymian, Basilikum und die nach Belieben entkernten Chili- oder Pfefferschoten fein hacken. Den Knoblauch pressen.

- Die gehackten Tomaten in 2 Schüsseln verteilen. In die erste Schüssel Knoblauch, Chili und 1 Esslöffel Olivenöl geben, in die zweite das Basilikum und 1 Esslöffel Balsamicoessig. Gut mischen, mit Salz und Pfeffer abschmecken. Je 6 getoastete Brotscheiben damit bestreichen. Dann auf die Hälfte der Brotscheiben die gerösteten Auberginenscheiben legen. Mit Pfeffer und Salz bestreuen und mit Olivenöl beträufeln. Die verbleibenden 6 Brotscheiben mit Tapenade bestreichen und mit Thymian bestreuen.
- Die belegten Brötchen auf Servierplatten verteilen und lauwarm servieren.
- Die Ölsardinen abtropfen lassen und auf Küchenpapier legen. Die schwarzen Oliven halbieren. Die Zwiebel in feine Scheiben schneiden.
- 12 getoastete Brotscheiben mit Tomatenpüree bestreichen. Die Sardellen auf die Hälfte der Brotscheiben verteilen und mit je einer halben Olive garnieren. Da die Sardellen bereits sehr salzig sind, nur mit Pfeffer würzen.
- Die restlichen 6 Brotscheiben jeweils mit einer zerkleinerten Ölsardine bestreichen und mit einer Zwiebelscheibe garnieren. Mit Salz und Pfeffer abschmecken.
- Je 6 weitere Brotscheiben mit Leberwurst und mit Frischkäse bestreichen und mit gehacktem Schnittlauch bestreuen.
- Zum Servieren für die Oliven Zahnstocher bereitstellen.

Tapas und Pickles

FÜR 4–6 PERSONEN

1 Glas	**Artischockenherzen in Öl**
1 Glas	**gegrillte Peperoni (Paprika) in Öl**
200 g	**Sardellen, gerollt**
100 g	**grüne Oliven**
100 g	**schwarze Oliven**
	Balsamicoessig und Cayennepfeffer

- Die Artischocken und Peperoni abtropfen lassen und auf Küchenpapier trocken tupfen. Auf einer Platte anrichten.
- Die Sardellenfilets mit Zahnstochern fixieren.
- Grüne und schwarze Oliven in einer Schale mit etwas Balsamico und Cayennepfeffer abschmecken.
- Zahnstocher, Tellerchen für die Kerne und Papierservietten bereitstellen.

Suppen

Nahrhaft im Winter, erfrischend im Sommer, sind Suppen perfekt in jeder Jahreszeit. Man bereitet sie am besten gleich in größerer Menge zu, um sie dann später bei Bedarf aufzuwärmen.

HERZHAFTE WINTERSUPPEN

Gerstensuppe

FÜR 6 PORTIONEN

100 g	**geräucherter Schinken**
50 g	**Gerste, vorgekocht (Fertigprodukt)**
1½ l	**Wasser**
4	**Nelken**
2	**Lorbeerblätter**
10	**Pfefferkörner**
2	**Karotten**
½	**Sellerieknolle**
1 Esslöffel	**Salz**

- Den Räucherschinken in feine Streifen schneiden und mit der Gerste in einem großen Kochtopf andünsten. Das Wasser dazugießen. Nelken, Lorbeer und Pfefferkörner beifügen. Die Suppe aufkochen.
- In der Zwischenzeit Karotten und Sellerie schälen und in kleine Würfel schneiden (ca. 1 cm). Sobald die Suppe kocht, das Gemüse dazugeben und 6–8 Minuten weiter köcheln lassen.
- Mit frischem Bauernbrot servieren.

TIPP Heiße Suppe mit Würstchen fürs Büro und unterwegs
Heiße Suppe in eine Thermosflasche gießen und Wiener Würstchen dazugeben. Perfekt für die kalte Jahreszeit.

Älplersuppe

FÜR 6 PORTIONEN

100 g	**Speck**
1	**Zwiebel**
100 g	**Lauch**
100 g	**Kartoffeln**
1 Esslöffel	**Mehl**
1 l	**Wasser**
½ l	**Vollmilch**
4	**Nelken**
10	**Pfefferkörner**
1 Esslöffel	**Salz**
50 g	**Alpkäse**

- Den Speck in kleine Würfel schneiden (ca. 1 cm). Die Zwiebel hacken. Den Lauch putzen und in dünne Scheiben schneiden. Die Kartoffeln schälen und in Würfel schneiden.
- Speck, Zwiebel und Lauch in einem Topf andünsten. Sobald das Gemüse goldbraun wird, das Mehl darüberstäuben und gut mischen. Wasser und Milch dazugießen, die Kartoffelwürfel, Nelken, Pfefferkörner und Salz beifügen und alles 6–8 Minuten köcheln lassen. Zuletzt den Käse direkt in die Suppe raspeln.
- Mit frischem Bauernbrot servieren.

EISGEKÜHLTE SOMMERSUPPEN

Gazpacho español in drei Rezeptvariationen, easy und schnell zubereitet. Perfekt, um Freunde an einem lauen Sommerabend zu verköstigen. Scharf, kühl, köstlich und »finger licking good«! Aber Vorsicht: Diese Suppen sind zwar »chilled«, aber trotzdem »hot hot hot«!

Gazpacho mit Gurken und Pfefferminze

FÜR 4 PORTIONEN

2	**Gurken**
4 Zweiglein	**Pfefferminze**
½ l	**kaltes Wasser**
½	**Zitrone, Saft**
2 Teelöffel	**Gemüsebouillonpulver**
	Pfeffer aus der Mühle

- Die Gurken gründlich waschen und abbürsten. In etwa 2 cm dicke Scheiben schneiden. Die Pfefferminze fein hacken.
- Die Gurken mit dem kaltem Wasser, Zitronensaft, Gemüsebouillonpulver und Pfefferminze im Mixer pürieren. Abschmecken und mindestens 1 Stunde im Kühlschrank durchkühlen lassen.

Gazpacho mit Peperoni und Chili

2	**Peperoni (Paprika), rot und gelb**
2	**Chilischoten**
½	**Zitrone, Saft**
2 Teelöffel	**Gemüsebouillonpulver**
	Salz und Pfeffer aus der Mühle

- Die Peperoni vierteln, Samen und weiße Scheidewände entfernen. Die Peperoni in Streifen schneiden. Die Chili fein hacken.
- Die Peperoni mit Zitronensaft, Gemüsebouillonpulver und Chili im Mixer zu einer Suppe von dicker, cremiger Konsistenz pürieren. Abschmecken und mindestens 1 Stunde im Kühlschrank durchkühlen lassen.

Gazpacho mit Tomaten und Koriander

4	**große reife Tomaten**
4 Zweige	**Koriander**
1	**Chilischote**
½ l	**Wasser**
½	**Zitrone, Saft**
2 Teelöffel	**Gemüsebouillonpulver**

- Die Tomaten waschen, vierteln und entkernen. Koriander und Chilischote fein hacken.
- Die Tomaten mit Wasser, Zitronensaft, Gemüsebouillonpulver, Chili und Koriander im Mixer zu einer Suppe von dicker, cremiger Konsistenz pürieren. Abschmecken und mindestens 1 Stunde im Kühlschrank durchkühlen lassen.

Lachs mit Frühlingszwiebeln

ZUBEREITUNGSZEIT: 30 MINUTEN
FÜR 6 PERSONEN

6	**Frühlingszwiebeln**
2 Esslöffel	**Olivenöl**
6 Tranchen	**Lachs à 150 g**
100 ml	**frischer Rahm (Sahne)**
	Salz, Pfeffer aus der Mühle, mildes Currypulver

- Die Frühlingszwiebeln in feine Scheiben schneiden. In einer beschichteten Pfanne die Frühlingszwiebeln im heißen Olivenöl goldbraun rösten. Die Lachstranchen dazugeben. Salzen, pfeffern und mit etwas Currypulver bestreuen. Auf kleinem Feuer etwa 3 Minuten köcheln lassen. Dann die Lachstranchen wenden. Den Rahm dazugießen und mit dem Bratfond gut vermischen.
- Den Lachs auf vorgewärmten Tellern anrichten und mit der Rahmsauce beträufeln.
- Dazu passen Frühkartoffeln mit Kräutern oder Safranreis.

Paella del mar

ZUBEREITUNGSZEIT: 30 MINUTEN
FÜR 6 PERSONEN

3	**rote Peperoni (Paprika)**
3 große	**Zwiebeln**
1	**Peperoncini (Pfefferschote)**
3	**Knoblauchzehen**
3 Esslöffel	**Olivenöl**
400 g	**Paella-Meeresfrüchtemischung, tiefgekühlt**
4 Teelöffel	**Gemüsebouillonpulver**
3 Esslöffel	**Tomatenpüree**
400 ml	**Wasser**
10	**Safranfäden**
3 Tassen	**Risottoreis (Arborio)**
12	**scharze Oliven, entsteint**
2 Zweiglein	**Rosmarin**
400 g	**Kabeljaufilet, tiefgekühlt**
	Salz und Pfeffer aus der Mühle

- Die Peperoni waschen, vierteln, entkernen und in dünne Streifen schneiden. Die Zwiebeln in feine Ringe schneiden. Die Peperoncini entkernen und fein schneiden, den Knoblauch fein hacken.
- Das Olivenöl in einer großen Gusseisenbratpfanne erhitzen. Peperoni, Zwiebeln, Knoblauch und Peperoncini dazugeben und goldbraun braten. Die Meeresfrüchte beifügen und braten, bis die Flüssigkeit verdampft ist.
- Gemüsebouillon und Tomatenpüree im Wasser auflösen und mit dem Safran dazugeben. Reis, Oliven und den abgezupften Rosmarin dazugeben und gut umrühren. Die Paella zugedeckt bei kleiner Hitze 15 Minuten kochen lassen. Zwischendurch immer wieder umrühren und falls nötig etwas Wasser hinzufügen.
- Zuletzt die Kabeljaufilets halbieren, auf den Reis legen und wiederum zugedeckt 5 Minuten weitergaren.
- Vor dem Servieren die Paella kurz kräftig erhitzen, damit alles leicht karamellisiert. Mit Salz und Pfeffer aus der Mühle abschmecken. In der Gusseisenpfanne servieren.

Paella mit Gemüse

ZUBEREITUNGSZEIT: 30 MINUTEN
FÜR 6 PERSONEN

3	**rote Peperoni (Paprika)**
1	**Aubergine**
3	**große Zwiebeln**
1	**Peperoncini (Pfefferschote)**
3	**Knoblauchzehen**
2 Zweiglein	**Rosmarin**
3 Esslöffel	**Olivenöl**
400 ml	**Wasser**
4 Teelöffel	**Gemüsebouillonpulver**
3 Esslöffel	**Tomatenpüree**
3 Tassen	**Risottoreis (Arborio)**
12	**schwarze Oliven, entsteint**
10	**Safranfäden**
	Salz, Pfeffer aus der Mühle

- Die Peperoni waschen, vierteln, entkernen und in dünne Streifen schneiden. Die Aubergine würfeln. Die Zwiebeln in dünne Ringe schneiden. Die Peperoncini entkernen und fein schneiden, den Knoblauch fein hacken, die Rosmarinnadeln abzupfen.
- Das Olivenöl in einer großen Gusseisenpfanne erhitzen. Peperoni, Aubergine, Zwiebeln, Knoblauch und Peperoncini dazugeben und goldbraun braten. Gemüsebouillon und Tomatenpüree im Wasser auflösen und dazugeben. Reis, Oliven, Safran und Rosmarin beifügen und gut umrühren. Die Paella zugedeckt auf kleiner Flamme 20 Minuten kochen lassen. Zwischendurch immer wieder umrühren und falls nötig etwas Wasser hinzufügen.
- Vor dem Servieren die Paella kurz kräftig erhitzen, damit sie leicht karamellisiert. Mit Salz und Pfeffer aus der Mühle abschmecken. In der Gusseisenpfanne servieren.

Cogenazzo

ZUBEREITUNGSZEIT: 30 MINUTEN
FÜR 6 PERSONEN

Rustikaler Gemüseeintopf aus Savièse. Cogenazzo ist der spanische und provenzalische Name für Eintopf.

1 kg	**mehligkochende Kartoffeln**
1 kg	**grüne Bohnen, frisch oder tiefgekühlt**
6	**große Zwiebeln**
4	**große Tomaten**
60 g	**Butter**
2 Esslöffel	**Olivenöl**
4	**Knoblauchzehen**
2 Zweige	**Rosmarin**
	Salz und Pfeffer aus der Mühle

- Die Kartoffeln waschen, bürsten und in Würfel schneiden. Frische Bohnen waschen und rüsten; tiefgekühlte Bohnen kurz unter fließendem kaltem Wasser auftauen. Die Zwiebeln in Ringe schneiden. Die Tomaten würfeln, den Knoblauch hacken und die Rosmarinblätter von den Zweigen zupfen.
- ½ Liter Wasser aufkochen, 1 Prise Salz dazugeben. Die Kartoffeln und die frischen Bohnen 10 Minuten im kochenden Salzwasser garen.
- In der Zwischenzeit Butter und Olivenöl in einer großen Gusseisenpfanne erhitzen. Die Zwiebeln darin goldbraun braten. Die gekochten Kartoffeln und die Bohnen, Tomaten, Knoblauch und Rosmarin daruntermischen und bei kleiner Hitze weiterkochen, bis die Kartoffeln zerfallen und eine dicke Sauce ergeben. Falls der Eintopf zu dick ist, noch etwas Kochwasser beifügen. Mit Pfeffer und Salz abschmecken.
- Mit Bergkäse und Rauchschinken servieren.

Rindsbraten mit Kartoffelpüree und Zucchetti

ZUBEREITUNGSZEIT: 90 MINUTEN (einschließlich Vorkochen)
FÜR 4–6 PERSONEN

1 kg	**Rindsbraten**
	Olivenöl
	Salz und Pfeffer aus der Mühle
1	**Zwiebel**
4	**Nelken**
2	**Lorbeerblätter**
	etwas Vollrahm (Sahne)
1 Esslöffel	**Gemüsebouillonpulver**
	Muskatnuss
20 g	**Butter für das Kartoffelpüree**
200 g	**Kartoffelstock (mit Milch)**
4	**Zucchetti**

- Das Fleisch mit Olivenöl bestreichen, mit Salz und Pfeffer würzen und in einen Bratbeutel (Bratschlauch) legen. Die Zwiebel halbieren und mit den Nelken spicken. Die Lorbeerblätter auf das Fleisch legen und je eine Zwiebelhälfte seitlich dazulegen. 2 Esslöffel Wasser beigeben und den Bratbeutel verschließen.
- Den Braten in der Mitte des Ofens bei 180 Grad 1 Stunde schmoren. Dann den Ofen ausschalten und das Fleisch darin bis am Abend ziehen lassen. Wenn Sie einen Ofen mit Zeitschaltuhr haben, den Ofen auf eine Stunde vor Ihrer Rückkehr programmieren und das Fleisch fertig garen.
- Den Braten herausnehmen und den Bratsaft auf eine ofenfeste Platte oder in eine Gratinform abgießen. Abschmecken und etwas Vollrahm darunterrühren. Den Braten in 1 cm dicke Scheiben schneiden und auf der Platte oder in der Form anrichten. Mit der Sauce übergießen und im Ofen bei 120 Grad etwa 10 Minuten warm stellen (falls es länger dauert, die Temperatur auf 80 Grad reduzieren), sodass das Fleisch in der Mitte noch rosa bleibt.
- In der Zwischenzeit 1 Liter Wasser zum Sieden bringen, Gemüsebouillonpulver, Muskatnuss und Butter dazugeben. Sobald das Wasser kocht, den Topf vom Herd nehmen und die Kartoffelflocken sorgfältig einrühren, bis ein cremiges Kartoffelpüree entstanden ist. Zugedeckt im Ofen warm stellen.
- Die Zucchetti in Rädchen schneiden und 5 Minuten in wenig leicht gesalzenem Wasser kochen. In wenig Butter schwenken und ebenfalls im Ofen warm stellen.
- Rindsbraten, Kartoffelstock und Zucchetti können nun geduldig auf die Gäste warten.

Brathuhn mit Country Fries und Karotten

ZUBEREITUNGSZEIT: 60 MINUTEN
FÜR 4–6 PERSONEN

1	**großes Poulet (Hähnchen) von ca. 1½ kg, fertig gewürzt, im Bratbeutel (Bratschlauch)**
1 kg	**Frühkartoffeln mit dünner Schale**
	Olivenöl
2 Zweige	**Rosmarin**
6	**große Karotten**
1 Esslöffel	**Baumnussöl**
	Olivenöl, Zucker, Salz und Pfeffer aus der Mühle

- Den Backofen auf 180 Grad vorheizen. Das Poulet in der Mitte des Ofens 45 Minuten braten.
- Die Kartoffeln waschen, bürsten, längs vierteln und auf Küchenpapier abtupfen. Auf einem Blech verteilen, mit etwas Olivenöl beträufeln, mit Salz bestreuen und mischen. Nach 15 Minuten das Blech mit den Kartoffeln über dem Huhn in den Backofen schieben und 30 Minuten backen. Den Ofen ausschalten. Den Rosmarin hacken und über die Kartoffeln streuen. Bis hierher können Sie das Gericht vorbereiten (siehe Tipp).
- Das Poulet aus dem Ofen nehmen, den Bratsaft in eine ofenfeste Platte oder Gratinform abgießen. Das Poulet zuerst halbieren, dann Schenkel und Flügel abtrennen, die Brustfilets mit Haut ablösen. Die Pouletstücke auf die bereitgestellte Platte oder in die Form legen und mit dem Bratsaft übergießen. Nochmals würzen und im Ofen bei 120 Grad 5 Minuten ziehen lassen und warm halten.
- Die Karotten schälen und in Rädchen schneiden. 5 Minuten in wenig leicht gesalzenem Wasser garen. Wenn die Karotten gar sind (es sollte sehr wenig Wasser übrig bleiben), Zucker und Baumnussöl dazugeben und in einer ofenfesten Schale zum Poulet und den Kartoffeln in den Ofen stellen.
- Nun können Sie in aller Ruhe einen gemütlichen Apéro mit Ihren Freunden genießen.

TIPP Um Zeit zu sparen, bereiten Sie Poulet und Kartoffeln einen halben Tag im Voraus, zum Beispiel über Mittag, zu.
Oder wenn Sie einen Ofen mit Zeitschaltuhr haben, stellen Sie ihn so ein, dass er 45 Minuten bevor Sie nach Hause kommen, startet. Schieben Sie in diesem Fall die Kartoffeln im unteren Teil des Ofens ein.

Rollschinken mit Salzkartoffeln und Bohnen

ZUBEREITUNGSZEIT: 60 MINUTEN
FÜR 4–6 PERSONEN

1 kg	**Rollschinken, vakuumiert**
1 kg	**große Kartoffeln mit dünner Schale**
1 kg	**Bohnen, tiefgekühlt**
1 Esslöffel	**Gemüsebouillonpulver**
20 g	**Butter**
	Salz und Pfeffer aus der Mühle
	Senf

- In einem großen Topf 2 Liter Wasser zum Kochen bringen. Die Kartoffeln waschen und bürsten. Zusammen mit dem vakuumverpackten Rollschinken im heißen Wasser 1 Stunde ziehen lassen. (Das kann auch bei 120 Grad im Ofen geschehen. Wenn Sie einen Ofen mit Zeitschaltuhr haben, programmieren Sie den Start auf 1 Stunde vor Ihrer Rückkehr.)
- Den Schinkengarsaft aus dem Beutel auf eine ofenfeste Platte oder in eine Gratinform gießen. Den Schinken in 1 cm dicke Scheiben schneiden, auf die Platte legen, mit dem Garsaft übergießen. Zusammen mit den Kartoffeln im Ofen bei 120 Grad warm stellen.
- Die tiefgekühlten Bohnen in etwa 2 cm hoch Wasser mit dem Bouillonpulver 8 Minuten kochen. Zum Schluss die Butter dazugeben und die Bohnen im Ofen warm stellen.
- Schinken, Kartoffeln und Bohnen anrichten und mit verschiedenen Senfsorten servieren.

Nachwort

IMMER MEHR MÄNNER AM HERD – EIN ZUNEHMENDER TREND

Warum richtet sich dieses Buch explizit an Männer?
Jeder dritte Haushalt in der Schweiz und fast jeder zweite in Deutschland wird von einem Single-Mann geführt. Ohne jemandem zu nahe treten zu wollen, wird es da in mancher Küche sicher noch Bedarf an Entwicklungshilfe geben. Komplizierte und aufwendige Zubereitungen sind nichts für echte Männer, ebenso wenig die Flut der kalorienreduzierten Diätrezepte, die nur Frustration und schlechte Laune bescheren, statt Genuss und Lebensfreude vermitteln. Dennoch gilt: Auch Mann soll sich gesund und gut ernähren. Dies sollen ihnen die Rezepte in diesem Buch ermöglichen.

GESUNDHEIT, GEWICHT UND SELBSTKONTROLLE

Hier also ein paar Ratschläge, die vom gesunden Menschenverstand geleitet sind: Weniger, dafür aber gut essen. Langsam genießen, statt sich schnell den Bauch vollschlagen. Langsamkeit (Slow Food) wieder erlernen. Den natürlichen Geschmack frischer Nahrungsmittel wieder entdecken. Am Samstag den Wochenmarkt besuchen. Keine Angst vor Neuem und vor Experimenten! Denn Essen soll vor allem ein Vergnügen sein, nicht wahr? Ein schlechtes Gewissen hat eine schlechte Verdauung zur Folge, das kennt man ja.
Jeder kann sich frei entscheiden, muss jedoch die Folgen tragen: Entweder saumäßig zu futtern und sich dann allein mit seiner Wampe vor dem Fernseher wiederzufinden. Oder mit Vernunft zu speisen und sich von Zeit zu Zeit in Zweisamkeit auf der Couch auszustrecken. Dann kann auch auf die Mattscheibe verzichtet werden ... »You know what I mean!«
Schlank zu werden und zu bleiben ist ein langfristiges Vorhaben. Eine Lebensform, die man bewusst wählt. Jede Diät, die nur für eine gewisse Zeit eingehalten wird, verfehlt ihren Zweck, wenn man nach dem Erreichen des Idealgewichts wieder in seine schlechten alten Gewohnheiten zurückfällt. Jeder muss seine Ziele und Prioritäten selbst festlegen. Dabei ist ein ideales Körpergewicht nicht nur eine Frage der Schönheit, sondern auch eine maßgebliche Voraussetzung, um gesund zu bleiben. Da lohnt es sich schon, auf etwas zu verzichten!
Persönlich glaube ich nicht an Diäten, aber dank meiner Art zu kochen bleibe ich schlank, ohne mir ständig Gedanken darüber zu machen. Denn ich weiß ganz genau, was ich zu mir nehme. Und wenn ich einmal über die Stränge schlage, dann treibe ich zum Ausgleich Sport. Täglich bewältige ich auf dem Fahrrad eine

Strecke von ungefähr zehn Kilometern. Das sieht zwar nicht nach viel aus, bedeutet aber immerhin pro Jahr die Strecke der Tour de France (natürlich ohne die Bergetappen)! Mit dieser bescheidenen, aber regelmäßigen sportlichen Betätigung und einigen Fitnessübungen zur Auflockerung ist das Spiel schon gewonnen. Noch etwas: Ich verzichte auf Snacks zwischendurch und habe auch kaum Süßigkeiten im Küchenschrank. Die beste Art, der Versuchung zu widerstehen, ist nicht, wie Oscar Wilde meinte, ihr zu erliegen, sondern sie zu vermeiden! Alles viel zu einfach, meinen Sie? Das stimmt nicht. Probieren Sie es selbst aus!

RESPEKT GEGENÜBER NAHRUNGSMITTELN UND SELBSTRESPEKT

Ich hatte das große Privileg, in einer ländlichen Gegend aufzuwachsen, in der man praktisch autark lebte. Deshalb ist mir der Wert der Nahrungsmittel bewusst. Ich weiß, wie viel an Aufwand, Mühe und Beharrlichkeit es bedarf, bis das Essen auf dem Tisch steht. Wenn man sich dieser Hintergründe voll bewusst ist, betrachtet man Nahrungsmittel aus einem anderen Blickwinkel. Umso mehr, wenn man früh gelernt hat, nichts zu verschwenden. Respekt gegenüber Nahrungsmitteln ist auch Rücksichtnahme auf die eigene Gesundheit. Nicht wahllos irgendetwas zu sich zu nehmen, sondern überlegt, bewusst und mit Respekt, ist eine Art, sich etwas Gutes zu tun und eine gewisse Würde zu bewahren.
In diesen Zusammenhang gehört auch die vegetarische Ernährung – dies insbesondere auch angesichts der heutigen weltweiten Ernährungssituation. Ein paar Tage ohne Fleisch haben noch niemanden umgebracht. Daher finden Sie in diesem Buch auch viele schmackhafte Rezepte für fleischlose Teigwaren-, Reis-, Gemüse-, Eiergerichte und Salate, die für eine abwechslungsreiche und leckere vegetarische Kost bestens geeignet sind. Und natürlich kann man auch in den anderen Rezepten die Fleischbeilage weglassen oder durch andere Zutaten nach eigenem Geschmack ersetzen.

WO SIND NUR DIE FRAUEN GEBLIEBEN?

Wie gesagt: Es sind die Jungs, die hier kochen. Dabei gibt es sicherlich auch clevere Girls, die denselben Lebensstil pflegen und uns gewisse Rezepte, ohne mit der Wimper zu zucken, klauen werden. Sie sind willkommen. Aber, wohlgemerkt, hier gibt's weder Kalorienzählen noch Hungerkuren. Rahm bleibt Rahm. In Form zu bleiben ist eine Frage der Disziplin, und auch beim Essen gilt: Weniger ist oft mehr! Und wer auf den Extra-Teller Pasta nicht verzichten will, treibt eben Sport. Gut und gesund zu essen ist eine Art langfristiges Investitionsprogramm, das erst in der Zukunft Rendite abwirft.

Meine Rapido-Rezepte sind so praktisch, dass sie zuweilen auf unerwartete Sympathisant(inn)en treffen. Wie zum Beispiel auf Mütter, die unter der Woche zwischen Job und Kinderschar pendeln. Auch sie können von meinen Überschallrezepten profitieren und die Zubereitung sogar ihren Kindern anvertrauen. Oder ihren Göttergatten. Es würde mich freuen!

HIER KOMMT DIE BASSE CUISINE ...

Meine unkonventionelle, empirische Art zu kochen wird garantiert der Küchengilde die Haare zu Berge stehen lassen. Angesichts meiner Stümperhaftigkeit werden sich die Etepetete-Kochmützen vor Lachen krümmen und die Fernseh-Kochtanten entsetzte Schreie ausstoßen. Aber echte Jungs können sich nicht tagelang damit herumschlagen, die 42 Kochtöpfe und Schüsseln abzuwaschen, die für die Zubereitung homöopathischer Gerichte für vier Gäste benötigt werden. Die Kochpäpste mögen mir verzeihen! Aber für uns Single-Boys gibt es nur das Entweder-Oder: Entweder meine improvisierten Rapido-Rezepte ... oder die Ravioli-Dose über dem Spülbecken. Und das jeden Abend ...
Für Ihre Durchlaucht, die Haute Cuisine, hege ich größten Respekt. In meinen Augen ist sie Kunst in Reinkultur. Die einzige Kunst, deren wahrer Wert erst durch ihre eigentliche Zerstörung erkannt werden kann. Von dieser Idee, die leider nicht von mir stammt, bin ich überzeugt. Ich nähere mich dieser Kunst, wie man in die Oper, nicht zu einer Beerdigung geht. Ich genieße diese seltenen Momente, die überschwängliche Kreativität, die überraschenden Geschmackskompositionen und die verblüffenden Techniken. Zu Recht wahrhaft seltene Augenblicke! Doch heutzutage kann ein armer Dilettant wie ich nicht den ganzen Nachmittag damit zubringen, Saucen einzureduzieren und wehrlosen Radieschen das Muster von Sankt Galler Spitzen zu verpassen. Praktisches muss her, das gut schmeckt und schnell geht. Haute Cuisine abtreten, Basse Cuisine antreten!

Meine Herkunft

ICH BIN EIN KIND DER SELBSTVERSORGUNG

Mein klangvoller Name mag zwar an die französische Aristokratie erinnern, doch in Wahrheit bin ich als Bergbauernkind in einfachen Verhältnissen im Wallis aufgewachsen. Unsere Großfamilie lebte quasi selbstversorgend und stellte alles selbst her, was für den Lebensunterhalt benötigt wurde: Milch, Käse, Butter, Fleisch und Wurst, Früchte und Gemüse, aber auch Wein und Hochprozentiges. Meine Kindheit im Rhonetal prägten Sonne, Berge, Tiere und Reben.
Ein Leben im Paradies? Nicht ganz. Denn, wie hart man arbeiten musste, bis das Essen auf dem Tisch stand, habe ich früh erfahren. Heute betrachte ich es als Privileg, in einem solchen Umfeld Kindheit und Jugend verbracht zu haben. So erlebte ich unmittelbar das Wirken der Natur und wie sie uns ernährt, und entwickelte ein feines Gespür für die Jahreszeiten, das Wetter, die Pflanzen, die Tiere und ihre Eigenarten, aber auch für die Welt als Ganzes mit den Menschen im Mittelpunkt.
Reisen haben mich geprägt. Vom einstigen Bauernkind bin ich zum Kosmopoliten geworden und lebe heute in Zürich als Übersetzer und Künstler. Den Sinn für das Praktische, Einfache und Bodenständige habe ich jedoch stets bewahrt. Vor allem, wenn es ums Essen geht. Deshalb habe ich für meine Freunde dieses Kochbuch geschrieben. Es ist ein praktisch erprobter Ratgeber, gedacht für Single-Männer, für die die Küche bis jetzt ein Niemandsland gewesen ist. Aber selbstverständlich auch alle anderen, die schlicht und einfach keine oder zu wenig Zeit zum Kochen haben.

KOCHEN ALS MEDITATION STATT ALS BÜRDE

Essen müssen wir täglich, und unsere Sinne essen immer mit. Farbe, Geruch, Duft, Beschaffenheit, Geschmack – alles spricht Auge, Nase und Gaumen an. Dazu ein sauberes Tischtuch, ein hübscher Teller, ein einfaches, aber schmackhaftes Essen, das schnell zubereitet wurde. Gute Laune garantiert.
Ich esse gerne und lade oft meine Freunde zum Essen ein. Es liegt in unserer Familientradition. Ich koche jeden Tag, auch für mich allein. Kochen sollte man nicht als Arbeit sehen, sondern als »Art de vivre«, eine Art Meditation, eine tägliche Anti-Stress-Maßnahme. Es tut Körper und Geist gut. Außerdem weiß man so, was man isst, und kann seine Ernährungsgewohnheiten langfristig bestimmen, mit dem Ziel, gesund, fit und schlank zu bleiben.

DANK AN:

Peter Bierwirth für die Übersetzung des Vorworts
Remo Peter für die Hilfe beim Redigieren und das Erstlektorat
Peter Kancsar für die Hilfe bei der Titelsuche und beim Redigieren
Marielle und Emilie Roten als Rezept-Testerinnen

Rezeptverzeichnis

KÄSE UND EI

SALATE

GEMÜSE UND KARTOFFELN

FLEISCH UND GEFLÜGEL

FISCH UND MEERESFRÜCHTE

SUPPEN

AMUSE-BOUCHES UND FINGER FOOD